イマドキ家族の<u>リアルと未来</u>

憲法カフェへ ようこそ 3

憲法9条の陰で
ねらわれる
24条

あすわか ＋ 前川喜平
（明日の自由を守る若手弁護士の会）

かもがわ出版

はじめに

明日の自由を守る若手弁護士の会（あすわか）**黒澤いつき**
Kurosawa Itsuki

　21世紀になって20年近くたった、2018年の初夏、政権を担う自民党議員からこんな発言が相次ぎました。

　「結婚すれば、必然的に、必ずと言っていいほど子どもが誕生する。日本の国の礎は子どもだと考えており、新郎新婦には必ず3人以上の子どもを産み育てていただきたい」（5月10日　加藤寛治衆議院議員）

　「このごろ、子供を産まないほうが幸せに（生活を）送れるんじゃないかと、(一部の人は)勝手なことを自分で考えてね」（6月26日　二階俊博幹事長）

　報じられれば「誤解を招いたなら」という定型文付きの「謝罪」や「撤回」……さながらお家芸のように繰り返される失言・暴言の数々。

　もう驚きもしないけれども、それでも言いたくなりませんか。「そっちこそ、勝手なこと言わないで」って。

　だって、そもそも妊娠・出産・育児に深い理解のある職場が少ない、という現状！　マタハラで職場を追い出されたり、産んだとしても「保育園落ちて」子どもが待機児童になったり、あるいは夫が育休を取得せず、妻が一手に育児を引き受けざるを得なかったり……こうした「あるある」な困難を前に女性ばかりが離職していく現実が、出産を躊躇させるのは当然です。

　そもそも派遣社員や非常勤職員など、非正規雇用の形で働く人は、育休・産休を取ること自体が極めて難しい。簡単に「3人以上産め」なんて言わないでほしい。産みたくても産めず不妊に悩む男性・女性への理解も欠けています。

　つまり女は仕事せずに夫の収入だけで3人以上産んでワンオペで育てろということでしょうか？　息苦しい…生き苦しい…。

そう、どうも日本の社会や政治は、ある1つのライフスタイルや「家族像」を国民に押しつけている気がします。例えば芸能人の結婚報道では女性が妊娠しているか、結婚後も仕事を続けるか、が必ず報じられます。男性側には「仕事は続けるのか？」とは尋ねない上に、「主夫」にでもなろうものなら変わり者扱い。人生のステージが上がれば家族の看護・介護という問題が出てきます。ここでも、仕事との両立が難しくて「介護離職」する年間8万人から10万人の、8割が女性です。（総務省平成24年「就業構造基本調査」、内閣府平成29年版高齢社会白書）

　進学、留学、キャリアアップ、趣味を広げたり深めたり、結婚や出産以外にも「やりたいこと」「幸せの道」は人それぞれ。そこへ1つのライフスタイルを模範として押しつけられるのは、正直、たまったもんじゃありません。

　人の生き方がそれぞれなら、家族の形もそれぞれです。

　平穏な生活が叶わないなら、離婚という選択肢もあります。夫の暴力・父親の虐待から逃れた生活で平穏を手に入れる母子も少なくありません。夫婦別姓の選択を望むカップルや、結婚を望む同性カップルもいます。逆に、そもそも結婚や出産に関心のない人だっています。なのに、メディアに溢れるのは「男らしい」たくましくて仕事に邁進するお父さんと、「女らしく」家事・育児に専念する専業主婦のお母さん、やんちゃな息子と愛らしい娘。さまざまな社会政策も、そんな1つの「家族像」しか前提にしていません。

　私が戸惑うのは、このステレオタイプの押しつけが単なるおせっかいではなく、「この模範から外れる生き方は身勝手だ」という非難とセットで迫ってくることです。自分らしく生きることが、身勝手な考えだ、と。

　私は、私らしく生きる。あなたは、あなたらしく生きる。国民1人ひとりがかけがえのない存在として、その人らしい人生を歩める。それこそが、この世で最も大切なことだ、と日本国憲法13条は宣言します。

その大切な理念が、家庭の中でも徹底されなきゃいけない、と定めている憲法の条文があります。憲法24条です。妻が夫と対等な関係を保ちづらい（経済的に夫に依存せざるを得ない）社会構造は「亭主関白」を男らしいと称えがちで、時としてDVやモラハラをを正当化しかねません。24条はそんな「支配」を許さず、夫婦が平等でそれぞれがかけがえのない存在であること、家族それぞれが自由に「こうありたい」「こうつながりたい」と形を描けるんだ、と謳っています。

　それすっごい重要じゃん！　みんなもっと知っといた方がいいよ！

　そう思った方はセンス◎です（笑）。よくぞ気づいてくれました。

　でも、同時に知ってほしいことがあります。

　それは、この24条が、変えられてしまうかもしれない、ということ。

　とかく、この24条を毛嫌いし、自分らしく生きることを「身勝手」だと考える人たちが、まったく異質のものに変えようとしていること。そしてそれは、すでに法律や条例のレベルで「先取り」されていること。しかもそれが決して「戦争」と無関係ではないこと……。

　この本は、「女らしさ」「男らしさ」に息苦しさを感じるすべての人に、"家族"という切り口から憲法と出会ってみてもらうために作りました。

　憲法が家族とそこに集まる人をどう守っているのか。その理念がなかなか共有されていないがための、さまざまな息苦しい現象。もっと24条を実現していかなければならないのに、なぜ今、逆に24条が変えられようとしているのか。そしてその動きが、「戦争」（9条改憲）とどうかかわっているのか。学校では「家族」や「性差」の教育がどのように変わってきているのか……。

　あなたに1つでも「そうそう！」という共感、「そうだったんだ！」という気づきがありますように。「もっと私らしい人生」「もっと寛容な社会」へのきっかけを作ることができたら、これにまさる喜びはありません。

イマドキ家族のリアルと未来
憲法9条の陰でねらわれる24条
もくじ

はじめに　　　　　　　　　　　　　　あすわか共同代表　黒澤　いつき...2

第1章 ようこそ！"憲法24条"カフェへ　弁護士 橋本 智子...7

知っていますか、憲法24条...7／憲法ってなんだろう？ おさらいしましょう...8／オンナコドモの幸せ守る、だけじゃない24条...10／振り返ってみよう、24条の生い立ち...11／男性に支配されるオンナコドモたち...15／「暴力」を否定する。〜9条との結びつき...17／1人ひとりの「生きる権利」を守る。〜25条との結びつき...20／24条のいま...22

第2章 イマドキ家族のリアル　　　　　　　　　　　　　　　　...25

1 DV・モラルハラスメント 家庭内に潜む性差別　　弁護士 打越　さく良...25

2 これしかもらえない!? 養育費 離婚したくてもできない妻
　　　　　　　　　　　　　　　　　　　　　　　　　弁護士 早田　由布子...27

3 生活保護の母子加算削減 それは国民全員の尊厳と多様性の危機
　　　　　　　　　　　　　　　　　　　　　　　　　弁護士 竪　十萌子...29

4 育児しながら働きたいのに① 職場でのマタニティ・ハラスメント
　　　　　　　　　　　　　　　　　　　　　　　　　弁護士 小野山　静...31

5 育児しながら働きたいのに② 増えない保育園、減らない待機児童
　　　　　　　　　　　　　　　　　　　　　　　　　弁護士 長尾　詩子...33

6 男性も自由に育児を！ パタハラ事例から見える「男は仕事」の分担意識
　　　　　　　　　　　　　　　　　　　　　　　　　弁護士 今泉　義竜...35

7 児童虐待 孤立する親を支え続ける施策を！
　　　　　　　　　　　　　　　　　　　　　　　ルポライター 杉山　春...37

8 欲しいのは"別姓"という選択肢 「結婚で改姓」は性差別の温床
　　　　　　　　　　　　　　　　　　　　　　　　　弁護士 打越　さく良...39

9 憲法24条は性的マイノリティの味方です！ 　　　　　弁護士 永野　靖...41

10 結婚支援という名の「産めよ殖やせよ」はノーサンキュー
　　　　　　　　　　　　　　　　　　大学非常勤講師 西山　千恵子...43

11 終わらない被害者バッシング（セカンドレイプ）
　　性暴力と家父長制　　　　　　　　　　　弁護士 太田　啓子...45

コラム● 人の価値は"生産性"で決まる!?～Shame on you, 優生思想
　　　　　　　　　　　　　　　　あすわか共同代表 黒澤　いつき...48

コラム● 「男らしさ」を卒業証書のように使うな
　　　　　　　　　　　　　　　　　　　　ライター 武田砂鉄...49

第3章 "24条改憲"の足音　　　　　　　　　　　　　　　　...51

1 ねらわれる24条 自民党改憲草案と家庭教育支援法案
　　　　　　　　　　　　　　　　　　　　弁護士 打越　さく良...51

2 『戦争できる国』づくりと24条改憲　　　弁護士 水谷　陽子...63

コラム● 注目！"改憲派"議員を支える『日本会議』～その家族観と
　　　　改憲キャンペーン　　　モンタナ州立大学准教授 山口　智美...66

第4章 特別寄稿　学校が描く「家族」
　　　　　　　　　　　　　　　元文部科学事務次官　前川　喜平...68

改正教育基本法...68／道徳科の学習指導要領...69／國體(こくたい)思想の復権...70／
個人主義の排除...72／親への感謝...73／固定的役割分担と家族の自助...75
／学校という「全体」...76

おわりに　　　　　　　　　　　　　　　　弁護士 神保　大地...78

第1章 ようこそ！"憲法 24条"カフェへ

イマドキ家族のリアルと未来
憲法9条の陰でねらわれる24条

橋本智子 Hashimoto Tomoko
明日の自由を守る若手弁護士の会（あすわか）

 知っていますか、憲法24条

　私たちは、誰と結婚してもいい。誰が反対していようとも、本人同士が合意して、婚姻届を出すだけで、"ふうふ"になれる。かけおちしたっていい、親やら誰やらの同意がないとかそんな理由で、役所が婚姻届を突き返すことは許されないよ。

　結婚したら、"ふうふ"は対等なパートナー。家庭生活の中においても、1人ひとりが尊厳ある個人として、大切にされなければいけない。誰かが誰かを支配するのではなく、互いに助け合い、尊重し合い、そして足りないところは補い合いながら、幸せに暮らしていけるように。

　国は、必ずこういう考えに従って、家族に関する法律を作らなければいけません。

　今から70年以上も前にできた憲法の中に、こんな"新しい"考えを謳っている条文があります。

それが24条。今回の憲法カフェでは、この24条について、たっぷり考えてみましょう。

> 【第24条】
> 1　婚姻は、両性の合意のみに基いて成立し、夫婦が同等の権利を有することを基本として、相互の協力により、維持されなければならない。
> 2　配偶者の選択、財産権、相続、住居の選定、離婚並びに婚姻及び家族に関するその他の事項に関しては、法律は、個人の尊厳と両性の本質的平等に立脚して、制定されなければならない。

 ## 憲法ってなんだろう？　おさらいしましょう

まずは、簡単に憲法についておさらいしておきましょう。

憲法って、誰が誰に対して「守れ」と命じるルール？

そう、市民が、国家権力（政治をする人たち）に対して、「○○してはダメ！」とか、「○○してよ！」と命じたりする、そういうルールです。

たとえば、24条のお隣、5・7・5調で「学問の自由はこれを保障する」と謳う23条。戦前（1935年）には、「天皇は、国を株式会社にたとえるならば、その社長さんみたいなものだ」という趣旨の学説を唱えた大学の先生が、著書を発禁処分にされたり、その学説を大学で教えることを禁じられたり、刑事告発されるなど、たいへんな弾圧を受けたことがありました。天皇を神格化し、その権威を利用して「臣民」を支配しよう

としていた当時の政府にとって、天皇の権威を損なうような学説は、たいへん都合が悪かったわけですね。

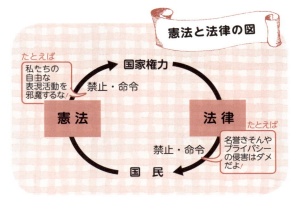

こんなことは、絶対にしてはいけないんだよ！　と国家権力に命ずるのが、23条「学問の自由」という「人権」です。市民が自由に学問研究をして、その結果を自由に発表することに対して、国家権力は手出し口出ししてはいけない、ということですね。

もう1つのお隣25条はどうでしょうか。国民には「健康で文化的な最低限度の生活」を営む「権利」がある、とあります。これは、私たちが生活に困ったときには、国家権力はこれを助け、人間らしい生活ができるよう給付やサービスをする「義務」があるということです。たとえば災害によって生活基盤を失ったならば、それを取り戻すために必要な給付やサービスをしろと国家権力に要求することもまた、25条から導かれる私たち市民の権利です。

このように、憲法とは、国家権力の手枷足枷となってこれを厳しく拘束するルール。

なぜこんなルールが必要なのでしょうか。

いうまでもなく、私たち市民1人ひとりが、自分らしく、幸せに生きていくためですね（13条）。それを邪魔することはするな。そのために必要なことはしろ。

> 【第13条】
> すべて国民は、個人として尊重される。生命、自由及び幸福追求に対する国民の権利については、公共の福祉に反しない限り、立法その他の国政の上で、最大の尊重を必要とする。

　このようにして市民が、国家権力の「してはいけないこと」や「しなければならないこと」を「憲法」でしっかり決めておくことを、小難しい言い方ですが「立憲主義」と言います。

オンナコドモの幸せ守る、だけじゃない24条

　世界中に知られている「9条」や、ドラマの題材にもなった「健康で文化的な最低限度の生活」の25条と比べると、地味で目立たない存在ともいえる24条。

　たしかに、「1人ひとりが大事」ということは13条ですでに宣言しているし、男女が平等である、差別はいけない、ということは、14条で規定していますから、24条はただの念押しみたいに言われることもあります。

　でも、実は24条は、9条を変えて軍隊を持って、戦争ができるようにしたい人たちが、9条とともに何十年来敵視し続け、虎視眈々と狙い続けている改憲ターゲットなのです（3章で詳しくお話しします）。

　もしも本当に、13条と14条の念押し程度の意味しかないのだったら、彼らがそれほどまでに敵視することなんかないですよね。

　そう、24条は、彼らがそれほどまでに敵視するだけの、重要な意味

のある規定だということです。

「女子ども」——、オンナコドモという、たぶんに蔑みを含んだ表現に象徴されるように、かつて女性と子どもは一人前の人格を認められず、「夫」や「父」の、「庇護」という名の支配のもとにあるのが当然と考えられていました（今でも、そういう考えを持つ人は少なくないようですが、少なくともそれが、社会で当然に通用することはなくなりました）。

24条は、そんな「男性による支配」からオンナコドモを解放し、家庭の中においても、誰もが一個の「個人」として尊重されるのだ、という宣言なのです。

誰と結婚するか。どんなパートナーシップを築くか。子どもをもつか、もたないか。どういうタイミングで何人産むか。どんな家庭を作るか。こういったことはすべて、個々人の意思と、パートナー同士の合意によって決めていい、そこに国は口出ししてはいけない、ということ。

同時に、家庭の中で、誰かの「尊厳」が傷つけられているときには、国は、必要な手助けをしなければならない、ということ。

これは、13条、14条の念押し、というだけではありません。これらとともに、9条、25条とも結びついて、日本国憲法の屋台骨を支えてきた、まさに縁の下の力持ち。そしてこれからもまだまだその力を発揮し続けてもらわなければならない、大切な大切な規定なのです。

振り返ってみよう、24条の生い立ち

それでは、24条の深〜い意義をさらに探るために、その生い立ちを振り返ってみましょう。

24条の原型を作ったのは、ベアテ・シロタさんという当時22歳の、

日本国憲法はGHQによる「押しつけ」だという主張がありますが、これは正確ではありません。

ポツダム宣言を受諾したことで、日本は、民主的で平和的な憲法を作らなければなりませんでした。

ところが日本政府が作った草案は、とても民主的とはいえないものでした。

しかたなく、GHQが草案を作りました。すでに民間の研究会などが発表していた、いくつもの私案が参考にされました。

日本で初めて女性が参政権を持ち、女性議員も多数選ばれた議会で、草案はじっくり審議され、多くの修正も加えられて、日本国憲法は誕生しました。

GHQの女性スタッフでした。

　彼女は、世界的ピアニストであったお父さんが日本に赴任するのに伴って、5歳から15歳までの間（1929～39年）を日本で過ごしました。その日々の生活の中で、当時の日本人のオンナコドモが置かれていた状況を、目の当たりにしていたのでした（以下、いずれも『1945年のクリスマス ―日本国憲法に「男女平等」を書いた女性の自伝』（ベアテ・シロタ・ゴードン／著、平岡磨紀子／構成・文、朝日文庫）より引用）。

「赤ん坊を背負った女性、男性の後をうつむき加減に歩く女性、親の決めた相手と渋々お見合いをさせられる娘さん」「子供が生まれないというだけで離婚される日本女性。家庭の中では夫の財布を握っているけれど、法律的には、財産権もない日本女性。「女子供」とまとめて呼ばれ、子供と成人男子との中間の存在でしかない日本女性。これをなんとかしなければいけない。女性の権利をはっきり掲げなければならない。」(182ページ)

「鼻水をいつも垂らしていた男の子、トラコーマでただれた目をしていた子、歯痛で頬を倍ほどに膨らませ手拭いで縛って、それでも石けりをしていた女の子……」(192ページ)

そんな風景を思い出しながら、ベアテさんが「日本の女性が幸せになるには、何が一番大事かを考え」て、「ともかく思っていることを、余さずに書き綴」った草案の一部を、以下に引用しましょう。24条の原型になった部分です。

> 家庭は、人類社会の基礎であり、その伝統は、善きにつけ悪しきにつけ国全体に浸透する。それ故、婚姻と家庭とは、法の保護を受ける。婚姻と家庭とは、両性が法律的にも社会的にも平等であることは当然であるとの考えに基礎をおき、親の強制ではなく相互の合意に基づき、かつ男性の支配ではなく両性の協力に基づくべきことを、ここに定める。
>
> これらの原理に反する法律は廃止され、それに代って、配偶者の選択、財産権、相続、本居の選択、離婚並びに婚姻および家庭に関するその他の事項を、個人の尊厳と両性の本質的平等の見地に立って定める法律が制定されるべきである。

とりわけ、「婚姻と家庭とは……、男性の支配ではなく両性の協力に基づくべき」という言葉に、その思いがはっきりと表れています。

私の祖母（故人）は、ベアテさんとほぼ同年代の1926（大正15）年生まれです。

生前の祖母は、不意に淡々と、こんな生々しい話を私に聞かせてくれました。——小さいころから、「女は父に従え、嫁いでは夫に従え、老いては子（長男）に従え」と言われて育った。年ごろになったら、ある日突然、親代わりの兄に「この人と結婚しなさい」と言われた。好きも嫌いもない、そこに自分の意思や感情が入る余地はない。嫁に行くことになっても、女性の体のことや性についてきちんと教えてくれる人は誰もいない。ただ兄嫁から、「結婚したら、夜は、夫になった人の求めに逆らってはいけない。されるまま、ただじっとしていなさい。天井のシミの数でも数えて、ことが終わるのを待ちなさい」と教えられただけ——

当時の女性たちは、このように、人生を通じて、性も含めたその全人格が「男性の支配」のもとにあったのですね。

ベアテさんが考えたことはまずなによりも、こうした「支配」を否定することでした。

このベアテ案と、8ページの24条の条文と見比べてみてください。「夫婦が同等の権利を有する」「相互の協力」「個人の尊厳と両性の本質的平等」といった重要なポイントが、ほぼそのままの言葉で規定されています。

「男性の支配」の否定。この点にこそ、24条の最大の意義があるのです[※]。

[※] ベアテ案にある「家庭は、人類社会の基礎であ」るという表現は、自民党改憲草案の24条1項（52ページ）の表現に似ていますが、その意味はまったく違います。詳しくは53ページで説明します。

男性に支配されるオンナコドモたち

　この「男性の支配」の基盤は、「家」制度にあります。

　「明治」という時代になってまもない1871（明治4）年、明治政府はまず戸籍制度という、「戸」という単位で「臣民」を把握し管理する仕組みを作りました。ここから、「家」制度は始まります。

　その2年後、1873年にできた徴兵制度は、この戸籍制度なくしてはなりたたないものでした。当時の日本は「富国強兵」をスローガンに、「欧米列強」に肩を並べる「力」を持つことを目指していました。徴兵制度はそのための重要な土台であったことはいうまでもありません。

　そして1898（明治31）年に民法が制定され、それに合わせて戸籍制度もさらに整えられ、「家」制度が確立していきました。

　「家」のメンバーは、「家長」（戸主）という強い権限をもつリーダーとその妻子、子弟とその妻子、独身の姉妹その他、まさに"一族郎党"。戸主は原則として男性の長子（長男）です。戸主は「家」の全財産を管理する一方で、家族を扶養する義務がありました。そのような戸主に対して、家族はただただ絶対服従を強いられ、どこに住むかについても、誰と結婚するかについても、戸主が決めたことに逆らえません。逆らえば、戸主はその家族を「家」から追い出すことができました。そのことは、特にオンナコドモにとっては、直ちに路頭に迷うことを意味します。

　「扶養」と「支配」が法律において一体だった当時、「誰が食わしてやってるんだ」という暴言には、法律的な後ろ盾があったのですね。

　この「家」制度のもと、女性は結婚すると「夫の家に入」り、「夫権」に服さなければなりませんでした。あたかも、未成年の子が「親権」に

服するように。

　たとえば、今の法律でも、未成年の子がローンを組んで車など大きな買い物をするときには、親（親権者）の同意が必要ですね。このように、未成年の子の財産の管理権は親（親権者）にあります。これは、まだ判断能力が充分でない未成年者の財産を守るためであることは、わかりやすいですね。

　戦前の妻も、これと似た立場に置かれていました。ローンを組むどころか、自分の実親から遺産をもらうことにすら、夫の「許可」が必要とされていたのです。妻の財産の管理権はすべて、夫にあったのでした。妻の判断能力が充分でないから？　そんなはずはないですね。成人した独身女性については、そんなことはありませんでした。

　これについて、この民法を起草者の1人は、「天に二日なく国に二王なきと一般家に二主ありては一家の整理を為すこと能わず」と説明しています（『民法要義　巻の1総則編』梅謙次郎／著、32,33ページ）。

　つまり、天に太陽が2つなく、国に王が2人いないのと同じように、「家」に2人の「主」がいては、家庭生活が円満にゆかないのだ、というのです。

　……家庭生活の円満のため？　いろいろと突っ込みたいところではありますが、ここでは1点だけにしておきましょう。それで、以下のことは説明がつくでしょうか？

　「夫権」という名の支配権は、妻の財産だけに対するものではありませんでした。

　当時、妻が夫以外の男性と男女関係をもつこと（不貞行為）は、「姦通罪」という犯罪になり、2年以下の懲役刑が定められていました。しかも、この妻が処罰されるには夫の告訴が必要でしたし、夫が許していた場合には処罰はされなかったので、まさに夫の胸先三寸。夫は妻の性についても、全面的な支配権をもっていたわけです。

他方、夫が妻以外の女性と関係をもっても、姦通罪にはなりませんでした(その相手の女性に夫があった場合には、その女性の共犯として姦通罪が成立しましたが、夫が独身女性と関係をもった場合には何ら犯罪にはならなかったのです)。

また、夫には、妻の不貞行為を理由として離婚を請求する権利がありましたが、妻にその権利はありませんでした。「夫の浮気を理由に離婚」なんて、当時は許されなかったのです(!)。

今でも、妻の不貞は「ふしだら」で夫の不貞は「男の甲斐性」などという風潮は残っているけれども、当時は単なる風潮だけではなくて、法律で、そういう不平等が定められていたのです。なんとも理不尽というほかありませんね。

これはどう考えても、「家庭生活の円満」ということでは、説明はつきません。……、いえ、もう少し正確に言いましょう、夫**だけ**にとっての、つまり妻や子が強いられる忍従の上にのみ成り立つところの、「家庭生活の円満」にほかなりません。

さらに、未成年の子に対する「親権」も、当時は、父親だけがもっていました。「出ていきたければ子どもは置いていけ」と言われた妻を、守ってくれる法はなかったのです(今でも、そういうことを言う人はゴマンといますが、今はちゃんと法的に抵抗できますからね!)。

「暴力」を否定する。〜9条との結びつき

「家」制度とは、「『家』は小さな国家、国家は大きな『家』」という考え方です。「大きな家」の「家長」はいうまでもなく天皇。天皇を頂点とする全体主義・軍国主義国家「大日本帝国」は、この「家」制度が基

盤となって支えていたのでした。

　「家」という、いうならば1人の人の全人生・全生活を支配する「小さな国家」の中で、「家長」に絶対服従すべきことを徹底して教育された「臣民」は、「大きな家」の「家長」である天皇に絶対服従するという意識をあたりまえのように刷り込まれます。

　これと、「教育勅語」などを始めとする軍国教育が一体となって、男性には「お国」のために命を投げ出して戦う精神を、女性には、「お国」のために戦う兵士を産み育て、これを「お国」に喜んで差し出す精神を、それぞれ培ったのでした。

　軍国主義とは、外国との間で意見や利害の対立があるときに、それを戦争という暴力によって解決することを基本的な方針とする国家の考え方です。

　国家による暴力を容認あるいは正当とする考え方です。

　日本は、あの無謀で悲惨な戦争の終結を機に、その考え方を捨てました。

　国家による暴力の否定。これが、9条であり、その前提にある前文2項の宣言です。

【第9条】
1　日本国民は、正義と秩序を基調とする国際平和を誠実に希求し、国権の発動たる戦争と、武力による威嚇又は武力の行使は、国際紛争を解決する手段としては、永久にこれを放棄する。
2　前項の目的を達するため、陸海空軍その他の戦力は、これを保持しない。国の交戦権は、これを認めない。

> 【憲法前文2項（2段落目）】日本国民は、恒久の平和を念願し、人間相互の関係を支配する崇高な理想を深く自覚するのであって、平和を愛する諸国民の公正と信義に信頼して、われらの安全と生存を保持しようと決意した。われらは、平和を維持し、専制と隷従、圧迫と偏狭を地上から永遠に除去しようと努めてゐる国際社会において、名誉ある地位を占めたいと思ふ。われらは、全世界の国民が、ひとしく恐怖と欠乏から免れ、平和のうちに生存する権利を有することを確認する。

9条が国家による暴力を否定したのと同時に、24条は、「家」制度を解体しました。「家」制度は「男性の支配」の制度。これを否定する、というところに、24条の大きな意義があります。

24条において家族とは、「尊厳」ある「個人」たちの集まりです。そこに、「支配し支配される関係」があってはならない。あたりまえですね。

つまり、24条は、**家庭という私的な領域における暴力を否定する**という宣言でもあるのです。

「家」の中における絶対服従の支配・被支配関係は、必然的に暴力を伴います。

「家長」が家族を従わせるために振るう暴力、夫が「夫権」に妻を従わせるために振るう暴力、親が子を……、というように、立場の強い者から弱い者に対する暴力は、あたりまえのように容認、どころか「しつけ」などという衣を着せられ正当とすらされていました（このような考え方は今でも、残念ながら根強く残ってはいますね）。

家庭の中においても「個人の尊厳」を守るという24条の宣言は、国家に対して、こうした暴力から、家庭の中の「弱い」者たち（主として、女性や子ども）の「尊厳」を守れ、という命令でもあります。

DV防止法はその意味で、24条に従い速やかに制定されなければならなかったものです。にもかかわらず、2001年になるまで50年以上もこれを制定しなかった国の怠慢は、厳しく指摘されなければなりません。

　「家」制度のもとで、「家」はお国のために命を差し出す兵士を産み育てる場でした。その意味で、「家」制度は軍国主義にとって必要な基盤でした。
　その「家」の統制のためには、暴力が容認されていました。
　これを否定する24条がいう「家族」とは、暴力を否定する個人、暴力という手段によらずに問題を解決することのできる、1人ひとりの人格を尊重することのできる個人を育てる場、といえるでしょう。
　ひいては、非暴力な個人によって構成される非暴力な社会をつくる、という宣言ということができます。
　このように、24条は、国家の非暴力を宣言する9条とセットになって、日本国憲法の平和主義の一翼を担っているのです。

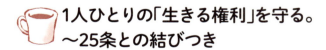 1人ひとりの「生きる権利」を守る。〜25条との結びつき

【第25条】
1　すべて国民は、健康で文化的な最低限度の生活を営む権利を有する。
2　国は、すべての生活部面について、社会福祉、社会保障及び公衆衛生の向上及び増進に努めなければならない。

今でも、DVに苦しむ女性はたくさんいます。体に対する暴行だけではなく、言葉による暴力や、経済的な力を利用して（たとえば、「誰が食わしてやってるんだ」という罵声によって）服従を強いるという形で振るわれる暴力など、現実の「男性の支配」はまだまだなくなってはいません。

　女性加害者によるDVも当然あるのですが、やはり、加害者の圧倒的多数が男性です。

　なぜなら、多くの家庭の中では今なお、男性のほうが「力」を持っているからです。DVとは、「力」のある者が、それを利用して、それがない者を支配・服従させるために振るう暴力です。

　その「力」とはなんといっても、経済的な「力」です。この社会ではまだまだ、雇用の場面（賃金その他の就労条件）での男女差別がなくなってはいません。家族の生計を担うだけの「経済力」を持つことができるのは、多くが男性です。加えて、税制や社会保障制度も、夫に「扶養」される「専業主婦」を優遇しています。ひとたび「家庭に入った」女性たちにとって、離婚するハードルはたいへんに高く、また何とかそのハードルを乗り越えた女性たちが経済的に自立することは、さらに困難です（27ページで改めて考えてみましょう）。

　驚くべきことに、1985年、鳴り物入りで（？）制定された男女雇用機会均等法すら、この法律は女性が、「職業生活と家庭生活との調和を図る」ためのものだと堂々と言ってのけています（12年後の1997年改正でやっと、この文言はなくなりました）。それでもまだ、家事育児を担うのは女性だという意識は今も根強く残っています。日本の多くの企業は、「企業戦士」として長時間労働に従事する男性従業員と、それを無償のケアワークで支える妻、というスタイルの家族に依存することで、大きな利益を上げてきたのですから、当然といえば当然ですね。

このような、社会の仕組みそのものを変えていかなければ、家庭の中における男女平等は実現しません。ましてや、ただでさえ変わりにくい人々の意識を変えていくことなどできません。

　25条2項は、「国は、すべての生活部面について、社会福祉、社会保障及び公衆衛生の向上及び増進に努めなければならない」と規定しています。男性が長時間労働を強いられることなく、男女が平等に、家事育児を無理なく担えるような社会の仕組みを作ること。離婚した女性が、無理のない働き方で子どもを育てながら生計を維持できるような仕組みを作ること。こうしたこともまた、24条と25条がセットになって、国に義務づけているのだ、ということができます。

 ## 24条のいま

　24条のもとで、先にお話ししたような男女間・夫婦間の不平等な制度はなくなりました。妻が未成年者のように扱われる法律も、姦通罪も、廃止されました。不貞行為は、夫がしても妻がしても、離婚原因とされました。未成年者の親権は、父母の婚姻中は共同親権ですし、離婚後は夫婦の協議か裁判所で決めることになりました。その他、民法の家族に関する部分を中心に多くの法律が、24条に合わせて、ごっそり廃止・大改正をされたのです。

　さらには、さきほどお話ししたように、だいぶ時間がかかったうえにいささか不十分ではあるけれども、男女雇用機会均等法やDV防止法など、24条の精神に従い、いくつもの法律が作られてもいます。

　実質99か条の日本国憲法の条文の中で、これほどたくさんの法律を廃止・改正・制定させた規定もほかにないだろうと思うくらいの大活躍です。

ただ、残念なことに、24条に明らかに合わない（違反している）法律は、いくつか残されました。それから今日までの間に、市民の粘り強い訴えに最高裁判所が「憲法違反だ」と答えて、改廃された法律も、いくつかあります。まだ残っているものもあります。24条が作れと命じていると考えられるにもかかわらずまだ作られていない法律も、あります。
　そして決して見落としてはならないのは、24条の精神を踏みにじるような法律まで、作られていたことです。

　その後改廃された法律の代表的なものは、結婚していない男女間に生まれた子（婚外子）を差別する民法の規定です。かつては「非嫡出子」という、まさに「家」制度そのまんまの古くさくて差別的な呼ばれ方が一般的でした。もっともイメージしやすいのは、夫が不貞行為によってもうけた子、いわゆる「日陰の子」とか「私生児」と呼ばれた子でしょうか。こうした子の相続分は、「嫡出子」の半分と定められていたのです。
　夫の不貞に傷つく妻やその子どもたちの気持ちはよくわかるけれども、だからって、自分ではどうしようもない婚外子という立場に生まれた人がそんなふうに差別されるなんて、おかしいですよね。
　でも、こんなソボクな「おかしい」という声がようやく最高裁に聞き入れられたのは、なんと2013年のこと。24条ができてから、実に70年近くも経っていました。この最高裁の判断を受けて、国会は民法を改正し、この差別規定を廃止しました。
　ただ、出生届に「嫡出子」「嫡出でない子」の別を記載させる戸籍法上の規定は残っています。「非嫡出子」という出自に対する漠然とした差別意識は、まだまだ人々の心に根強く残ることを日々の離婚相談などでも感じますが、その要因はこういうところにあるのだと思います。

24条に合わないと思われるのにまだ残っている法律の代表は、結婚したら夫婦は同じ姓を名乗らなければならないと定める民法の規定です。これについては、39ページで詳しくお話しします。

　24条の精神に従い作られなければならないはずなのにまだ作られていない法律の代表は、性別にかかわらずパートナーを選び家庭を築くための法律、いわゆる同性婚を認める法律です。これについても、41ページで考えてみましょう。

　そして24条の精神を踏みにじるような立法とは、日本国憲法ができてまもなく制定された、旧優生保護法です。「不良な子孫の出生を防止する」というこの法律によって、障害者などが、その意思をまったく無視され、強制的に不妊手術を受けさせられました。個人の尊厳を踏みにじり、子どもを産み育てる自由を理不尽に奪うこの法律はあろうことか、1996年に改正されるまで48年にもわたり、日本国憲法のもとに存在したのです。

　2018年1月以降、被害者が次々と国を訴えています。せめて法的な救済が、速やかにされなければなりません。

　憲法が古い？　24条も古いでしょうか？　いえいえ、24条にはまだまだ、力を発揮し続けていてもらわなければならないと思いませんか？

　次章以降では、さらに具体的に、今の私たちの暮らしにかかわるこんな話題もあんな話題も、24条とつながっているんだね、ということを感じていただきたいと思います。

橋本智子（はしもと・ともこ）
2003年弁護士登録（大阪弁護士会）。思いがけず高齢で授かった小さな恋人を立派な"24条男子"に育てるにはどうしたらいいか、残り少ない彼との蜜月を名残り惜しみながら模索する日々。

イマドキ家族のリアルと未来
憲法9条の陰でねらわれる24条

第2章 イマドキ家族のリアル

1 DV(ドメスティックバイオレンス)・モラルハラスメント
家庭内に潜む性差別

打越さく良 Uchikoshii Sakura
明日の自由を守る若手弁護士の会（あすわか）

　愛し合って結婚……のはずが、今では、びくびくしながらの生活。つい先日も、夫に突然「この日家族で遊園地に行こう」と言われ、「その日はもう子どもとママ友たちと遊びに行くって伝えていたはず」と答えたら、「聞いてない。俺に養われているくせに、口ごたえか」といらいらし始めた。私が作った料理をマズいと怒鳴り、皿ごとシンクに投げつけられた。怖がって大泣きした子どもを「お前まで俺をバカにするのか」と肩をぎゅっとつかんで揺さぶる。止めに入った私を「お前のせいだ」と髪の毛を引っ張って倒し、殴った。それ以来、夫が鍵をあける音がすると、私も子どももビクッとしてしまう。

　家族みんなで、愛し合い、助け合う。それが理想でも、家族の中で、こんなエピソードのように、虐待や暴力が起きています。DVの被害者

の多くは女性です。「その」夫婦の問題、と思われがちですが、その背景にあるのは、この社会に根強く残る男女不平等です。DVは人権侵害である、被害者の救済に取り組まねばならないと明記したDV防止法ができたのは、2001年のことでした。

　近代社会では、国家権力はなるべく家庭という私的なエリアに立ち入らないようにしよう、という考え方がありました。その流れで「法は家庭に入らず」という法格言も生まれましたが、他方でDVを「夫婦喧嘩」として「軽く」捉えることにもつながりました。これは日本に限ったことではなく、たとえば、19世紀の英米法では、夫には妻を暴力によって「懲戒」する権利が認められていたのです！

　DVを軽視する風潮はまだ根強い。誰でも、路上で見ず知らずの人から殴られたら、驚いて警察に駆け込むでしょう、それなのに、夫から殴られても、誰にも相談しないで我慢する妻は、まだ少なくないのです。たとえ相談に行ったとしても、警察に「夫婦喧嘩ですか。よく話し合ったら」と相手にされないことすらありました（もっとも最近では警察も方針が変わり、親身になってくれることも多くなりました）。

　第1章でお話ししたように、日本国憲法24条は、ベアテ・シロタ・ゴードンが起草した草案がベースになりました。ベアテ案では、「婚姻は、両性の法的・社会的平等性に立脚し、親の強制ではなく相互の合意に基づき、男性の支配ではなく相互の協力により、維持されなければならない」というもの。「男性の支配ではなく相互の協力により」というくだりは、「男性支配の否定」を意味します。近代社会は家庭の中の暴力を覆い隠してしまいました。ベアテ案から生まれた24条1項は、これを克服する画期的な規定であるといえます。

　DV防止法の前文はこの理念を引き継ぎ、DVの背景に未だ男女不平

等があることをこう指摘します。「配偶者からの暴力の被害者は、多くの場合女性であり、経済的自立が困難である女性に対して配偶者が暴力を加えることは、個人の尊厳を害し、男女平等の実現の妨げとなっている。」24条が家族における男性支配を否定するものだ、ということが正しく理解されれば、冒頭の夫のように、DVを軽視したり正当化したりすることはまちがいだ、という認識もこの社会に浸透することでしょう。24条は、いまなお、私たちにとって、実践的な価値のある条文なのです。

参考文献　中里見博『憲法24条＋9条　なぜ男女平等がねらわれるのか』かもがわブックレット、2005年

打越さく良（うちこし・さくら）
単著『なぜ妻は突然、離婚を切り出すのか』祥伝社新書、共著『右派はなぜ家族に介入したがるのか　憲法24条と9条』大月書店、等。第二次別姓訴訟弁護団副団長。24条変えさせないキャンペーン呼びかけ人。

これしかもらえない!? 養育費
離婚したくてもできない妻

早田由布子 Hayata Yufuko
明日の自由を守る若手弁護士の会（あすわか）

　夫から暴力をふるわれる、このまま結婚していても人としての尊厳が奪われる……！という結婚があります。離婚すればいいかというと、ことはそう簡単じゃありません。専業主婦だったりアルバイトだったりすると、離婚後に自分と子どもの生活費を得るということがもう本当に大変！

　「子どもが生まれてどんなに大変でも、石にかじりついてでも正社員をやめるな」と言われることがあります。でも、子どもが生まれたのに夫は夜遅くまで残業ばかりで育児にかかわることができない、勤務先が

育児との両立に理解がなくマタニティハラスメントにあってしまった、育児休業がもう終わるのに保育園に入れなかった……。これでも正社員でいつづけろって言うの？　という悲鳴が聞こえてきそうです。

　働く女性のうち、55.9％はアルバイトなどの非正規雇用です（平成28年度総務省「労働力調査」）。2000年代前半に正社員より非正規のほうが多くなり、非正規が増え続けています。出産などで非正規になると、次に待っているのはお給料の低さです。30代前半で比べると、男性正社員の毎月の給料は29万4600円、女性非正社員は19万5600円と、約1.5倍もの差があります（厚生労働省「平成29年賃金構造基本統計調査」）。この統計には賞与や残業代が含まれていないので、全体ではその差はもっと大きくなります。

　じゃあ養育費をちゃんと払ってもらえばいいのか？　というと、それも問題です。離婚後に支払われる養育費の金額は、裁判官などの研究会が作った「算定表」に基づいて決定されてきました。しかし、この算定表では養育費がとても低額になってしまい、母子家庭がますます貧しくなります。例えば、夫の月収が29万4600円（額面）、妻の月収が19万5600円のとき、14歳までの子ども1人を妻が育てる場合の養育費は、月額2～3万円です。養育費を月2.5万円とした場合、手取り給料とあわせて月16万円強で自分と子ども1人が生活していかなくてはなりません。ここから家賃が出ていくわけで、かーなーり、難しくないですか？

　日弁連は、2016年、これを改善した新算定表を提案しました。まずはこの新算定表が浸透するようアピールしていく必要があります。

　さらに、母子家庭で養育費の支払いを現在も受けている家庭はわずか24.3％にすぎず、一度も養育費の支払いを受けたことがない家庭は、なんと56％です（厚生労働省平成28年度全国ひとり親世帯等調査結果報告）。ただでさえ少ない養育費が、4分の1しか支払われていないのです。

女性が自分らしく生きていくためには、こうしたさまざまな問題をなくしていかないといけないのです。

早田由布子（はやた・ゆふこ）
同志社大学文学部英文学科卒。就職活動で女性差別発言に触れ、弁護士を目指す。早稲田大学大学院法務研究科修了。2010年弁護士登録、第二東京弁護士会。労働事件、離婚事件を多く担当している。あすわか事務局長。

3 生活保護の母子加算削減
それは国民全員の尊厳と多様性の危機

堅　十萌子 Tate Tomoko
明日の自由を守る若手弁護士の会（あすわか）

　政府は、2018年10月から生活保護費と母子加算（ひとり親世帯への手当）を段階的に減額することを決定しました。生活扶助費の減額幅は最大5％、母子加算の減額幅は平均20％とされ、厚生労働省によれば、都市部や単身世帯を中心に約70％の世帯で減額となるそうです。

　生活扶助費は「物価下落」を口実に、2013年〜2015年度にかけて平均6.5％減額されたばかりです（加えて2015年度には住宅扶助費や冬期加算の減額も実施）。

　10年くらい前は、子どもを抱えて身一つで夫のDVから逃れてきたお母さんに、「子どもたちのために生活保護を受けて下さい。」と話して生活の不安を解消させることができました。子どもたちが最低限生きていけるだけの保護費が出ていたからです。しかし最近、生活保護費は下げられる一方で、「ひとり親の生活も、生活保護を受ければ大丈夫」と安心させることが難しくなりました。

先日、生活保護受給のお母さんが「食費が足りないから薄いパンに濃いケチャップを沢山塗って子どもたちの空腹を満たす努力をしている」と笑って話されました。塾や部活にあてるお金が無い。ましてや家族旅行になんて。登校拒否になり引きこもる子も少なくありません。
　「子どもたちが国に大切にされていない」。残念ながら、これが離婚事件に多く関わる弁護士としての実感です。
　"超"少子高齢化社会となりつつある日本にとっても、いずれ社会を支える子どもたちが心身共に健康に成長できない国に明るい未来があるでしょうか？　これは単に子どもたちがかわいそう、という話ではありません。子どもの貧困対策は、経済対策でもあり、日本という国の将来のあり方そのものの問題なのです。

　そもそも生活保護費の削減は、生活保護を受けていない人には関係ないことでしょうか。
　憲法25条（＝私たち）は、「すべて」の「国民」が、「健康で文化的な最低限度の生活を営む権利を有する」と宣言します。
　これはなぜでしょうか？
　全ての人が、尊厳が守られた人間らしい生活を営み、"貧困"がなくなれば、不満や差別が無くなり、いじめも戦争・テロも起きにくい社会になる、とは思いませんか？
　25条は貧困が平和な人類社会をおびやかすことを見抜き、すべての人の尊厳と同時に平和な社会を守る意味で、生存権を保障しました。それを具体化したものが生活保護法であり、生活保護費なのです。そのため、生活保護費が下がれば、最低労働賃金や年金など、他の福祉費も下げられうる関係にあります。

つまり生活保護費は、国家が考える国民の尊厳を金額で示したものであり、その削減は、端的に国家が、国民1人ひとりの価値をより低く見積もったことを意味します。軍事費（防衛費）は削らず、まず生活保護費から削る政府に、国民の尊厳や「人間らしい生活」を本気で守る気があるのでしょうか。

　また、母子加算の削減は、家族の多様性という問題と無関係ではありません。憲法24条は各家族にはそれぞれの幸せの形があると宣言しているのに、母子加算を削られてしまっては、事実上「離婚してひとり親」という選択肢をとれなくなります。

　生活保護費の削減は、決して受給者だけの問題ではなく、国民の尊厳の問題であり、差別や戦争にも深く関係する問題です。多くの国民が自分のこととして関心を持ち、怒り、要望していく社会になっていって欲しいと願ってやみません。

堅十萌子（たて・ともこ）
2007年、弁護士登録。埼玉中央法律事務所。女性の権利を守りたいと思い、弁護士になる。DVや離婚、育休解雇事件等、女性の事件を多数扱い、労働・貧困・刑事の分野でも幅広く担当。ママたちが子連れで学べる「憲法ママカフェ」も多数回実施。

4 育児しながら働きたいのに①
職場でのマタニティ・ハラスメント

小野山　静 Onoyama Shizuka
明日の自由を守る若手弁護士の会（あすわか）

　マタハラとは、マタニティ・ハラスメントの略で、「働く女性が妊娠・出産をきっかけに職場で精神的・肉体的な嫌がらせを受けたり、妊娠・出産を理

由とした解雇や雇い止めで不利益を被ったりするなどの不当な扱いを受けること」を意味します。女性だけの問題と思われがちですが、実際には育児中に受ける嫌がらせなども含むため、パパ・ママ共通の問題といえます（「パタハラ」については本章第6項参照）。

　マタハラとしては、3つのパターンが挙げられます。1つ目は、職場で、使えるはずの権利や制度を認めないというものです。例えば、産前産後休暇、軽易業務への転換、妊産婦の時間外・休日労働・深夜業の制限、時短勤務、子の看護休暇といった法律で認められている権利や制度を使わせないケースです。

　2つ目は、職場で、妊娠、出産、産前産後休業の取得、産前休業の請求、育児時間の請求や取得などを理由に、解雇、契約更新の拒絶、更新回数の引下げ、退職強要、降格、減給や賞与等の不利益な算定、昇進・昇給の人事考課における不利益な評価、不利益な配置変更など、不利益な取扱いを行うというものです。マタハラの相談の中でも最も多いのが、「妊娠・出産を理由とする解雇や雇止め」です。

　3つ目は、職場で、妊娠・出産・育児休業などについて、上司や同僚が不利益取扱いをにおわせる発言や嫌がらせを行うというものです。2017年1月1日より施行された法律で、そういったハラスメント言動も問題とされるようになりました。

　独立行政法人労働政策・研修機構が2016年3月に行ったマタハラ実態調査では、正社員の5人に1人（21.8%）、派遣労働者では2人に1人（48.7%）が、マタハラを経験しているという実態が明らかになりました。マタハラの被害者や加害者にならないために重要なのは、「まずは知識をつけること」です。妊娠・出産・育児に関連して自分にどんな権利や制度が法律で認められているのか、知っていれば、自分を守ることができます。

マタハラを生む要因としては、「男女の役割分担」という社会の思い込みや長時間労働の常態化が挙げられます。つまり、「育児は女性が担うもの」という意識から、女性にばかり育児の負担がかかり、女性の労働能率が低下し、残業も困難となり、妊娠・出産・育児を契機に「長時間労働はムリ」ということで、「妊娠・出産・育児」そのものが職場から排除される理由となっていくのです。そんなふうに、女性が自分らしい人生を自由に選べない社会は、憲法24条の描く世界とは程遠いものです。だからこそ、今、家庭でも職場でも、「育児は女性の役割」という意識をなくし、男女ともに、1人ひとりが妊娠・出産・育児といった家庭への向き合いと仕事への取り組みのバランスをとっていくことが求められます。

小野山静（おのやま・しずか）
弁護士、旬報法律事務所。国際基督教大学教養学部卒業、東京大学大学院総合文化研究科修了、早稲田大学大学院法務研究科修了、2013年弁護士登録。日本労働弁護団東京支部事務局、ブラック企業被害対策弁護団事務局、郵政20条裁判弁護団、夫婦別姓訴訟弁護団などに所属。

5 育児しながら働きたいのに②
増えない保育園、減らない待機児童

長尾　詩子 Nagao Utako
明日の自由を守る若手弁護士の会（あすわか）

今、子どもが産まれても働き続けたい人がやるべきこと、それは「保活」!。
　潜在的な「待機児童数」は7万人近くに上ると推定されています（2017年9月2日付東京新聞）。核家族化している今、子育て世代にとっては、保育園に入園できなかったら、仕事を辞めないといけないかもしれない、まさに「日本死ね」とつぶやいてしまうほどに深刻な問題なのです。

憲法は、その人らしい生き方を認める13条、男女平等を定める14条、24条、健康で文化的な生活を保障する25条を定めています。女性が働く自由は、憲法で保障されています。育児と仕事の両立は、わがままではなく、保障される自由なのです。
　憲法の理念をもっと活かして、希望者みんなが子どもを預けられるだけ保育園数を増やすことが急務です。といっても、数だけ増やして、子どもを詰め込めばいいというものではありません。子どもは、小さくても立派な一人の人間であり、モノではありません。子どもたちが安全で健やかに過ごせるように、十分な広さと適切な環境で必要人数以上の保育士が働く保育園を増やすことが大事です。

　自由民主党が2012年に作成した『日本国憲法改正草案』(以下、「改正草案」)は、24条に、新しく「家族は、社会の自然かつ基礎的な単位として、尊重される。家族は、互いに助け合わなければならない。」との1項を付け加えることを提案しています。いわゆる「家族保護規定」です。
　改正草案を支持する人たちの多くが、あるべき親を説く「親学」や、子どもは3歳までは常に家庭において母親の手で育てないと子どものその後の成長に悪影響を及ぼすという、根拠のない「3歳児神話」を主張しています。そういった主張からは、女性は子育てに専念すべきで、保育園は要らないとしかなりません。女性には人権はないのかと思ってしまいます。
　また、実際にも、「自己責任」の名の下に、社会保障が削減されて、家族内自助が求められるような状況があります。そんななかで、このような「家族保護規定」が追加されたら、ますます社会保障は削減され、待機児童解消への予算は付かなくなるでしょう。

改正草案の前文には、「……家族や社会全体が互いに助け合って国家を形成する。」との記載もあります。私たちの幸せのためにではなく、国家のために、家族が助け合わなければならないなんて、とんでもないことです。

　24条に「家族保護規定」を追加する動きは、待機児童問題解消を願う子育て世代の声とは逆行しています。
　歴史を逆行させることなく、現行憲法の理念を活かし、安心して子どもを預けられる保育園を増やしましょう。「保活」なんてしなくても、安心して、女性も男性も子育てしながら働き続けられる社会をつくっていきましょう。

長尾詩子（ながお・うたこ）
2001年弁護士登録。東京南部法律事務所勤務。2015年7月に立ち上がった安保関連法に反対するママの会の事務局の1人。大田区中心に憲法の学習会や憲法カフェを実施。家族は、夫と小学6年の息子。

男性も自由に育児を！
パタハラ事例から見える「男は仕事」の分担意識

今泉義竜 Imaizumi Yoshitatsu
明日の自由を守る若手弁護士の会（あすわか）

　憲法24条は、家族のことについて、「法律は、個人の尊厳と両性の本質的平等に立脚して、制定されなければならない。」と規定しています。この条文は歴史的に抑圧されてきた女性を解放するという意味を持つだけでなく、男性も含めてその性別による役割分担から解放するという意味を持つものです。育児介護休業法が、女性だけでなく男性も含めすべ

ての人に育休の権利を認めているのは、この「両性の本質的平等」の現れの一つであるといえるでしょう。

　とはいえ、この憲法の理念が未だ根付いているとは言えないのが日本の雇用社会の現実。私が担当している、大手証券会社M社で起きたパタハラ（パタニティ・ハラスメント…男性の育休取得を理由にした不利益扱い）事件はその象徴的なものです。

　依頼人は大手金融会社を渡り歩いて実績を積んできた外国人男性。事情があって、海外にいる婚姻関係にない女性との間の子どもを日本で育てることになりました。しかし会社は母子手帳がないことを理由に当初彼の育休申請を認めません。彼がDNA鑑定までして子どもとの親子関係を証明して初めて会社は育休を認めます。しかし、3カ月の育休取得から復帰すると、彼はそれまでの仕事を奪われるという扱いを受けました。仕事に情熱を持って取り組んでいた彼は、それまでの仕事ができないことに強いストレスを受け続け、うつ病になってしまいます。このような育休取得を理由とした不利益扱いは法律で禁止されています（育児介護休業法10条）。彼はこの規定を根拠に会社を訴え、現在も闘っています。

　育休取得をきっかけにした不利益扱いや嫌がらせは少なくありません。また、このような不利益扱いを恐れて育休を取ることができない男性や、自分の仕事を代替してくれる人がおらず、休みたくても休めない状況に置かれている男性も多いことでしょう。

　背景には、子育て世代の家事・育児の分担を女性が担うことを前提に組織が運営されているという、旧態依然とした企業体質があります。これが、男性の長時間労働、そして男性の育休取得を理由にしたパタハラの横行を生み出しています。

　私自身も共働きで子育てをしている世代ですが、子どもとの時間はそ

れ自体が仕事では得ることのできない、かけがえのない瞬間をもたらしてくれます。子どもを通じて生まれる、保育園や学校での父母同士のつながりや地域とのつながりも楽しいものです。

　女性も男性も、人生をより豊かに、より自由に送るために、仕事以外の子育てや地域での活動などに使う自由な時間を求める権利があります。憲法24条がかかげる「個人の尊厳と両性の本質的平等」をより具体化し実現していくことこそが、今の日本には必要です。

今泉義竜（いまいずみ・よしたつ）
東京法律事務所。静岡県浜松市出身、2002年東京大学法学部卒業。2008年弁護士登録。IBMロックアウト解雇事件、ブルームバーグPIP解雇事件、Chubb損害保険事件など労働事件に数多く取り組む。家族は妻と子3人。

7 児童虐待
孤立する親を支え続ける施策を！

杉山　春 Sugiyama Haru
ルポライター

　2018年6月、東京都目黒区で3月に虐待がきっかけで亡くなったとされる5歳の女児の書いた反省文が警視庁から発表されました。これを受けて、児童虐待防止の世論が沸き起こり、政府が動きました。

　児童相談所が通告を受けた後、48時間以内に子どもに面会できなければ立ち入り調査をルール化する。警察とのルール共有を明確化する。児童相談所の職員を2017年度の3200人から4年間で2000人増やして1.6倍にする。こうしたことが決まり、家庭に入る公権力は強まりました。

　ふっと頭をよぎったのは「子どもが泣くと家中の窓を閉める。子ども

の口を塞ぎたくなる」と語ってくれた女性のことです。彼女は新しい施策で安心して子育てができるようになるのでしょうか。より扉を閉めてしまうことにならないといいのですが。

　3つの児童虐待死事件をこれまで取材してきました。2000年に愛知県武豊町で3歳女児が段ボール箱の中で餓死した事件。2010年に大阪市西区で、3歳の女児と1歳の男児が50日間放置された事件。2014年に神奈川県厚木市内のアパートで5歳児の白骨遺体が見つかった事件。

　取材して驚いたのは、どの親たちも必死に子育てをしようとしていた時期があったことでした。武豊の母親は頭を手術した我が子を一生懸命看病していました。大阪事件の母親は主婦時代、寝ない子が満足するまで遊んでやっています。厚木事件の父親はトラック運転手として長時間勤務をしながら2年間子どもに食事を与え、同じ布団にくるまって寝ました。彼らは不器用でしたが、ある時期、子育てをする意思をもっていました。それがうまくいかなくなったとき、社会から子どもを隠したのです。

　私たちの社会には、強い家族規範があります。「家族はこのようなものだ。親はこのようにしなければならない」。子どもを虐待死させる親たちは、家族規範がないから子どもを放置したのではありませんでした。むしろ家族規範に縛られ、内面化していました。「そのように子育てできない自分は社会的に許されない」として、周囲との関わりを断っていったように見えます。彼らには生育歴などからくる病理性や、知的な課題がありました。

　そうした弱さを抱え、孤立し、追い詰められていきました。認知の歪みも強まります。この時点であれば、確かに、公権力が適切に介入することが必要になります。

　大切なことは、彼らを社会につなげる方法です。

2016年の児童福祉法改正では、子どもが権利の主体であることが明記されました。

　子どもたちには育つ力があります。その育ちを親たちが支えるのです。親たちに力が乏しいときには公的機関の支援が必要でしょう。足りない力を気軽に支えてくれる仕組みがあれば、親たちは安心できたはずです。

　今求められるのは、家族規範を打ち出す公的力ではありません。1人ひとりの多様な子ども、その子どもを育てる多様な家族。その存在を認め、社会で支えていくという意思だと思います。

　新しい虐待防止策が適切な公権力となりますように。

杉山春（すぎやま・はる）
雑誌の編集、ライターを経てルポライターとなる。家族、児童虐待、ひきこもりなどをテーマに書いて来た。著書に『満州女塾』（新潮社）、『ネグレクト　真奈ちゃんはなぜ死んだか』（小学館文庫　第11回小学館ノンフィクション大賞受賞作）、『ルポ虐待　大阪二児置き去り死事件』（ちくま新書）、『自死は、向き合える』（岩波ブックレット）、『児童虐待から問う　社会は家族に何を強いてきたか』（朝日新書）などがある。

8　欲しいのは"別姓"という選択肢
「結婚で改姓」は性差別の温床

打越さく良 Uchikoshi Sakura
明日の自由を守る若手弁護士の会（あすわか）

　結婚して夫の姓になりたい、という人もいます。でも、悩んだ挙げ句自分が改姓する婚姻届を出した後悲しみ、苦しむ人もいます。選択的夫婦別姓は、別姓でいたい人、同姓になりたい人の選択の双方をかなえます。別姓でいたい選択を絶対に認めない民法750条は、あまりにも非寛

容です。実際、法律で夫婦同姓しか認めない国は、もはや世界で日本しかありません。

　選択的夫婦別姓に反対する人たちは、「夫婦同姓は我が国の伝統」と言いますが、誰もが氏を持つようになったのは、明治時代になってから。それ以前に氏を持つことが許された特権階級では、むしろ夫婦別姓でした（源頼朝・北条政子etc）。明治時代でも当初は夫婦別姓が原則で、1898年の明治民法により家制度が確立した際、戸主と家の構成員はその家の氏を名乗る、原則として妻は夫の家に入る、ということで、夫婦同姓がスタート。非常に差別的な家制度は、日本国憲法が公布されたことに伴い、真っ先に廃止されました。ところが十分な議論がなされないまま、1947年に成立した民法で、夫婦は必ず同姓という750条が規定されてしまいました。

　選択的夫婦別姓の必要は50年代から議論されてきました。85年に、日本は女性差別撤廃条約を批准。96年には法制審議会が、夫婦別姓も選べるように民法を改正すべきだという意見を答申しました。ところが、これがいまだに法案として国会に提出されてすらいません。権威ある法制審議会の意見が内閣提出法案として提出されないのは、レアなことです。

　現実に、妻の改姓がなお96％を占めます。これは、現実の女性の社会的・経済的な立場の弱さがもたらすものだといえます。たとえ最終的には2人の「話し合い」によって夫の氏を選んだのだとしても、女性がそういう選択をせざるをえない力関係が、多くのカップル間にあります。2015年の最高裁大法廷判決の中で、岡部裁判官もそのように指摘しています。

　姓を変えないため事実婚にしたカップルも、税法面等さまざまな不利益に直面します。

　「別姓だと家族の絆が壊れる」という反対論もありますが、別姓を認めている他国で家族の絆が壊れているなんて話もききません。反対論に

は、何ら根拠がないのです。

　15年の大法廷判決は、民法750条を違憲とはしませんでしたが、選択的夫婦別姓は国会が判断することとしました。

　18年2月に内閣府が公表した世論調査で、選択的夫婦別姓制度に賛成する割合は過去最高の42.5％、反対は過去最低の29.3％。60歳未満では5割前後が容認、40歳未満では5割超が容認。人権や平等が問題になっているときに政府は世論を口実にすべきではないとはいえ、世論もすでに賛成しています。

　別姓婚という選択をも尊重することが、24条の求めるところです。再び、第二次夫婦別姓訴訟を提起しました。別姓訴訟を支える会も立ち上がっています。頑張ります。

9　憲法24条は性的マイノリティの味方です！

永野　靖 Nagano Yasushi
弁護士

　人の性のあり方は多様です。性のあり方は、性別の他に、性自認、性的指向という概念で整理するとわかりやすいと言われています。性自認とは自らの性別をどのように認識するかということです。性的指向とは性愛の対象の性別に着目した概念です。

　憲法13条前段は「すべて国民は、個人として尊重される。」と定めています。これは、多様な個人の多様なあり方や生き方がそれ自体価値あ

るものとして尊重されるという意味であると私は理解しています。憲法24条2項が「家族に関する法律」は「個人の尊厳」に立脚して制定されなければならないとしているのも考え方は同じです。性的指向や性自認は個人の人格の核をなすものであり、その人その人の性的指向や性自認が尊重されなければなりません。性的指向が同性愛であるが故に、あるいは性自認に基づき生物学的性別とは異なる性別で生きようとするが故に、侮蔑されたり、嘲笑されたり、社会制度上不利益を被るような社会は、性的マイノリティが「個人として尊重」されていない社会です。

　「家族に関する法律」の一つが結婚に関する法律です。人は他者と様々な人間関係を作りますが、その一つとして性愛に基づく関係があり、さらに、愛し合う二人がお互いを人生のパートナーと決めて、助け合って生きていこうとすることを、私たちの社会では結婚（法制度としては婚姻）と呼んでいます。婚姻をするのかしないのか、誰と婚姻するのかは人生の重要な決定事項です。しかし、現在の日本において、婚姻は異性間においてのみ認められており、同性間の婚姻は認められていません。婚姻に関する法律は憲法24条2項により「個人の尊厳」に立脚して制定されなければなりませんが、同性間の婚姻を認めていない現在の法律は、同性愛という性的指向のあり方が尊重されていないという意味において、「個人の尊厳」に立脚して制定されていないと私は考えます。

　なお、憲法24条1項に「婚姻は、両性の合意のみに基づいて成立し」とあることから、憲法は同性婚を禁止しているという意見を聞くことがあります。しかしながら、そのような憲法解釈は誤りです。同条項は、戸主を中心とした封建的な家制度を否定して、新憲法下における婚姻は

戸主の同意を要することなく、両当事者の合意「のみ」によって成立するとしたものです。「両性」という文言になったのは、憲法制定当時、同性間の婚姻は念頭に置かれていなかったからにすぎません。

　このように、性の多様なあり方を尊重し、それぞれの個人の性自認や性的指向に基づいた人生を応援しているのが憲法24条です。

永野　靖（ながの・やすし）
商工中金で中小企業金融に携わった後、2000年に弁護士登録。LGBTからの相談を多数手がける。経産省性同一性障害者職場処遇訴訟、日本人同性パートナーを有する台湾人在留資格訴訟の代理人を務めている。

10 結婚支援という名の「産めよ殖やせよ」はノーサンキュー

西山 千恵子 Nishiyama Chieko
高校保健・副教材の使用禁止と回収を求める会、大学非常勤講師

「結婚支援」という名の人口増加政策の登場

　少子化対策は、子育て環境の整備中心のあり方から、個人の生殖行為、生き方や身体そのものまでをも操作、干渉しようとする剥き出しの人口増加政策へと変質してきています。

　第二次安倍政権の発足後、2013年の少子化対策の提言に、「結婚・妊娠・出産支援」が新しく登場したのです。

　日本は欧米諸国と異なり「結婚してから子どもを産む」という規範が強固にあります。その一方で晩婚化、未婚・非婚化は進むばかり。そこでまずは人々を若いうちに結婚させることこそが少子化危機の突破策

と、「結婚支援」の取り組みに注力し始めたのです。

ニッポン一億・総結婚セクハラ？

　同年度以降、地方への婚活予算が創設され、「官製婚活」が全国の自治体、団体、企業で展開していきました。県民ぐるみの結婚の「おせっかい運動」を明記した条例が成立したり、企業・団体内に「職場の縁結びさん」を置く事業「めいわくありがた縁結び」が、内閣府により先進的な取り組みとして評価、紹介されたりしました。人の性生活に踏み込む「おせっかい」や「めいわく」が政府・自治体により公認、推奨されるようになったのです。

　2016年、「ニッポン一億総活躍プラン」のもと、内閣府の「結婚の希望を叶える環境整備に向けた企業・団体等の取組に関する検討会」も、提言案に「企業内の婚活メンター（サポーター）の設置」を書き込みました。これに対し、セクハラ丸出しの婚活推進ではなく、長時間労働、経済格差、非正規雇用などの解消をと、広く批判が起こり、婚活メンター案は姿を消しました。しかし、同様の取り組みが全国各地で行われていることは容易に推察されます。

「妊娠適齢期とライフプラン」キャンペーンに要注意

　もう一点、注意すべきは「妊娠適齢期とライフプラン」という少子化教育・啓発キャンペーンです。その要点は「女性の妊娠にはタイムリミットがある。産めなくなって後悔しないよう、正しい知識に基づいた結婚・出産のライフプランを早く、早く」というものです。

　ところが、その具体策として文科省が2015年に全国配布した高校保健の教材には、生徒たちを若い年齢での結婚に追い立てるウソのデータ

や記述がいくつも掲載されていました。そのうえ女性を脅しかねない不適切な「卵子数の減少」グラフが政府・自治体・教育機関等によって多数、拡散されています。

　「支援」と称する結婚の奨励、煽り、押し付け、挙句の果てに騙しと脅し……この国の政治は、少子化対策は、性と生殖の自己決定という人権概念から遠く隔たったところに来てしまった感がします。しかし、だれも、国も自治体も、どんな権力も個人の結婚や生殖に干渉、介入することは許されません。私たちは「婚姻は両性の合意のみに基づいて成立」すると記した憲法24条を持っているのです。こんな時代だからこそ、この「のみ」の二文字がもつ今日的な意味と意義が新たに浮かび上がることでしょう。私たちの生と性を、そしてその尊厳を守るためには、これを絶対に手放さないことが必要なのです。

西山千恵子（にしやま・ちえこ）
お茶の水女子大学大学院修士課程修了。青山学院大学、慶応義塾大学ほか非常勤講師。共編著に『首長たちの挑戦─女が政治を変える』(「女政のえん」編、世織書房、2016)、『文科省／高校「妊活」教材の嘘』(論創社、2017)。

11　終わらない被害者バッシング（セカンドレイプ）　性暴力と家父長制

太田啓子 Ohta Keiko
明日の自由を守る若手弁護士の会（あすわか）

1　戦前の日本社会では、強姦などの性暴力はどのように扱われていたでしょうか。

　まず、そもそもなぜ強姦は犯罪とされているのか、から考えてみましょ

う。日本の刑法は、明治時代に作られた古い法律で（従って女性は一切立法に関わりませんでした）、戦後も、特に大枠は変えられることなく、現在に至っています。強姦罪[※1]も、2017年の改正まで、表記の修正以外は戦前からの条文のままでした。今でこそ、刑法学では強姦罪は個人（被害者）の「性的自由」を侵害する犯罪だ、と考えられていますが、強姦罪の条文を作った時点では、強姦罪は「性秩序」を乱す犯罪だから許されない、ととらえられていました。

　家父長制の社会における「性秩序」とは、「貞操を守れ」と女性に義務づけることです。「貞操」とは、異性関係の純潔（結婚するまで性的関係をもたない、配偶者としか性的関係をもたない等）のことをいいます。女性にのみ「貞操を守る」ことが義務づけられていたことは、「姦通罪」という犯罪があったことからもわかります（第1章参照）。

　女性に一個の独立した人格としての価値が認められていない社会状況では、女性は家長である夫や父親の支配下にある所有物のような扱いだったのです。女性の「貞操」を守ろうとするのは、その女性個人のためではなくその女性を支配する男性のためでした。

2　性暴力被害者へのバッシングの背景には何が？

　憲法24条によって家父長制が制度上は廃止されましたが、残念ながらその負の遺産は刑法解釈や実務での運用、性暴力被害者に向けられる社会の目線に今も残っています。

　例えば、性暴力事件が発生すると、「一緒に夜に酒を飲んでいた以上セックスを期待させた女性に落ち度がある」「露出の多い派手な服装を

（※1）2017年の刑法性犯罪規定改正により罪名は「強制性交等罪」に変わりました

していたのでは誘ったと思われても仕方ない」等と、性被害を告発する女性を中傷する声が起きることが珍しくありません。最近も、安倍首相と親しいジャーナリストからレイプ被害に遭ったと告発した女性がひどいバッシングを受けたり、財務省事務次官（当時）が女性記者に性的発言を繰り返し、あろうことかそれを財務大臣が擁護するかのようなことまでありました。

このような被害女性へのセカンドレイプの声の根底には「貞操を厳格に守るべきなのにそれを怠った」というような、性暴力を個人の性的自由を侵害する犯罪としてではなく「社会の風紀を乱すもの」と捉えるような家父長社会的な意識が潜んでいます。

被害者の「落ち度」など関係なく個人の性的尊厳をきちんと法的にも社会的にも守られる状況を実現してこそ、本当の意味でこの社会は家父長制を終わらせたといえるのではないでしょうか。

太田啓子（おおた・けいこ）
2002年弁護士登録（神奈川県弁護士会）。離婚事件など、家事事件を多く取り扱う。明日の自由を守る若手弁護士の会メンバー。2013年より「憲法カフェ」開始。2人の息子の母。

コラム

人の価値は"生産性"で決まる!?
〜Shame on you,優生思想

黒澤いつき

　2018年夏、自民党の杉田水脈衆議院議員の「LGBT支援の度が過ぎる」と題する寄稿が雑誌『新潮45』8月号に掲載されました。

　そこではまず、LGBT（性的マイノリティ）への差別はそもそも存在しない、と差別の存在自体を否認したり、本人の家族が理解してくれれば生きづらさは解消する問題であると述べたりしています。その上で、こう展開したのです。

　「例えば、子育て支援や子供ができないカップルへの不妊治療に税金を使うというのであれば、少子化対策のためにお金を使うという大義名分があります。しかし、LGBTのカップルのために税金を使うことに賛同が得られるものでしょうか。彼ら彼女らは子供を作らない、つまり「生産性」がないのです。そこに税金を投入することが果たしていいのかどうか。」

　「子どもを作らない」人間は「生産性がな」く、生産性がない人間のために税金を投入することに疑問を投げかけている（文脈からいって強く反対している）のです。性的マイノリティへの差別をあらわにしたこの寄稿は、当事者はじめ多くの国民やメディアから激しく批判を浴び、「炎上」しました。

　ただ、その批判の中には「LGBTだって納税者だ」「有能なLGBTもいる」といったものが少なくありませんでした。どこか、落ち着かない気分になります。問題の本質は、「性的マイノリティの人々に生産性があるかどうか」ではありません。「人間の価値は"生産性"の有無で決まるのか」という点です。

　本著でもたびたび紹介されている憲法13条は、すべての人が、あるがままでかけがえのない価値がある、と宣言します（個人の尊重）。だからこそ、能力や性的指向、ましてや子どもを作る（作れる）かどうかで値踏みすることは許されないのです。

　その人に税金を投入する価値があるかどうかを"生産性"の有無で判断する、という発想は、優生思想と重なります。優生思想とは、「より"優良"な遺伝子を保存することで人類

社会を改良する」という優生学から出た思想で、20世紀初頭のヨーロッパ各国に浸透し、"優良"な遺伝子を持たないと判断された障がい者の生殖を管理するおぞましい政策（結婚の制限、断種・不妊手術など）がとられました。ナチスドイツによるユダヤ人絶滅計画や、障がい者の安楽死計画（T4作戦）などは、この最悪のケースです。

自民党の二階幹事長は杉田議員の寄稿について「いろいろな人生観がある」と容認し、党も「指導」以上の処分はしませんでした。いまだに優生思想が息づき、それを容認する政党が与党であることに、これ以上ないほどの危機を感じます。子どもを作らない（作れない）カップル、高齢者、障がい者など全員が「国家にとって役に立たない（生産性がない）」という烙印を押され、政策から切り捨てられる可能性があるからです。すべての人が、自身の人生と尊厳に懸けて、差別と優生思想に怒らなければなりません。

黒澤いつき（くろさわ・いつき）
第1子出産を機に弁護士登録を抹消、ママ業に専念……のつもりが、2013年1月「あすわか」設立（共同代表）。以降、育児・憲法カフェ・執筆に奔走する日々。2児の成長に感動し、多くの「学び」に感謝しながら、今夜も「ハブラシくわえたまま走っちゃダメ！」と叱ります（ツノ生えそう）。

コラム
「男らしさ」を卒業証書のように使うな

　　　　　　　　　ライター　武田砂鉄

子育てはやっぱりママがすべき、と言わんばかりの、女性の役割を古臭く規定したCMが炎上し、その旨についてどう思うか語ってほしいとラジオに呼ばれたのは数年前のこと。女性活躍社会とは名ばかりで、「活躍している女だったら働かせてやってもいいよ社会」が、権限を持つ男性によって更新されていくだけではないかなど、CMに付随した問題点を述べ連ねたところで、残り時間はごくわずか。ここまでこちらの話に素直に頷いていたパーソナリティの男性（60歳代半ば）が、最後に「まぁ、武田さんも子どもが産まれればわかると思いますけどね。本日のゲストは、ライターの武田さんでした。ありがとうございました」と締めくくった。彼に悪意があったかどうかはわからないが、この10分間ほどの議論を一発で無効化させる一言だった。あまりの攻撃力にうろたえながら、スタジオを後に

した。

　私は、結婚しているがひとまず子どもはいない。その事情を説明する必要も無いし、正直、人に話す特別な事情など無い。日頃、ライターとして、社会の端々にこびりつく男性優位や、伝統的家族観を染み渡らせようとする為政者に対して疑問を投げかけることも多いのだが、そんな自分の主張が、「子どもがいる人」の主張に劣るとは思わない。無論、上回るとも思わない。自分の置かれた状態が主張を支えることはない、と思っている。思ってはいるが、もし自分の略歴に「二児を育てるパパ」とあれば、説得力が増すことを知っている。ラジオで言われた「武田さんも子どもが産まれればわかる」は、その説得力を攻撃力に変換している。子育てを終えた彼、いや、おそらく「嫁」や「家内」が子育てしているのを見届け終えた彼は、その経年を力に変え、あるべき「男らしさ」「父親らしさ」を規定していた。

　政治家から、子育てや家族観について、あまりに鈍感な言葉が漏れる。「子どもを産まないほうが幸せじゃないかと勝手なことを考える人がいる」（二階俊博）、「赤ちゃんはママがいいに決まっている」（萩生田光一）といった類いの発言は、自分の経験に基づいている。経験で自信を得ている。こういった発言が出てくるからには、彼らも、子育てを終えた、ではなく、子育てしているのを見届け終えた、なのだろう。彼らの「男らしさ」「父親らしさ」は、もろもろ終えた後でしかないと主張できない仕組みになっている。「らしさ」を卒業証書のように使っている。

　これから子育てに臨もうとしている男性、あるいは子どもを持つという選択をしなかった男性には使わせないようにしている。経験すればわかるよ、って、とてつもない閉鎖性を持つ。どんな「らしさ」も流動的、その都度考え直すべきものだ。だから自分は、その「らしさ」を固める力を許したくない。ひとまず子どもはいなくても、彼らより柔軟に「男らしさ」「父親らしさ」を問い続けてみせる。

武田砂鉄（たけだ・さてつ）
1982年生。ライター。出版社勤務後、2014年からフリーに。15年、『紋切型社会』で第25回Bunkamuraドゥマゴ文学賞を受賞。他の著書に『芸能人寛容論』『コンプレックス文化論』『日本の気配』などがある。

イマドキ家族のリアルと未来
憲法9条の陰でねらわれる24条

第3章

"24条改憲"の足音

ねらわれる24条

自民党改憲草案と家庭教育支援法案

打越さく良 Uchikoshii Sakura
明日の自由を守る若手弁護士の会(あすわか)

自民党24条改憲案とは

　憲法は、個人の尊厳と両性の本質的平等を基礎とした画期的な24条を定めています。その意義は1章にあるのでここでは詳述しませんが、なぜ個人の尊重を掲げる13条のみならず24条でも重ねて個人の尊厳が記載されているかだけ、繰り返します。なぜなら、自民党が12年に公表した改憲草案は、24条のみならず13条にも大きな改変を加えており、その点が24条改憲案の意味も明らかにするからです。13条が憲法の究極の価値である個人の尊重を規定したのは、大切にされるべきなのは様々な個性がある多様な個人であることがないがしろにされ、国家のため忠誠を尽くせと迫った挙げ句、人々を戦争に駆り立てた惨禍を反省してのこと。国家のため忠誠を尽くせの前に、国家のミニチュア版として家制度をうちたて、家族に忠誠を尽くせとした戦前の反省から、13条

だけではなく、24条でも重ねて「個人の尊厳」を強調したのです。

　自民党は、12年、大幅な改変を加える内容の改憲草案を公表しました。公表から6年以上を経過したとはいえ、未だ撤回されておらず、じっくり検討する必要があります。改憲草案は、まず、13条の「個人として尊重される」を、「人として尊重される」に変えてしまいました。個人よりも集団（家族など）、国家を尊重しようという発想につながります[1]。集団を個人よりも優位に置くような表現は、改憲草案24条にもみられます。

【自民党改憲草案　第24条】
家族は、社会の自然かつ基礎的な単位として、尊重される。家族は、互いに助け合わなければならない。
2　婚姻は、両性の合意に基づいて成立し、夫婦が同等の権利を有することを基本として、相互の協力により、維持されなければならない。
3　家族、扶養、婚姻及び離婚、財産権、相続並びに親族に関するその他の事項に関しては、法律は、個人の尊厳と両性の本質的平等に立脚して、制定されなければならない。

　同党は、「日本国憲法改正草案Q&A増補版」（以下「Q&A」といいます）の中で、「家族の尊重」を、自衛権の明記、国防軍の保持、緊急事態の宣言の新設などとともに「主要な改正点」（計8個）の一つとして位置づけ、「第3章　国民の権利及び義務」に「家族の尊重、家族は互いに助け合うことを規定」することを改正草案の「主な内容」に挙げており、

---

[1]　13条の「公共の福祉」を「公益及び公の秩序」に改変したことも重大な改変である。公益・公序に反しない範囲でしか人権を認めないことになりかねない。

24条を重視していることが明らかです。

また、同党が提出を予定している家庭教育支援法案は、家庭という私的領域への公的な介入のみちを開くものであり、24条改憲の先取りと懸念されます。

単位としての家族を尊重？…1項

「Q&A」によれば、改憲草案24条第1項前段は世界人権宣言16条3項を参考にしたものだとのこと。確かに、「家族は、社会の自然かつ基礎的な単位として、尊重される。」という文言は、世界人権宣言の文言とほぼ同じですが、意味は全然違います。世界人権宣言は、普遍的原理としての婚姻の自由と家族形成の自由、婚姻と家族形成に関する男女間の平等を保障することを大前提としています。その上で、その条文を受けて、(家庭は)「社会及び国の保護を受ける権利を有する」が続くのです。

すなわち、公権力による家族形態の決めつけ・押しつけをしないで、多様な家庭における子どもの養育支援や母性の保護をはかる。その根拠をひきだすために、家族は尊重すべき存在だと示しているのです。

尊重するのは、社会や国家であって個人ではない。それなのに、改憲草案では尊重するのが国家とは限らず、私たちかのようです。それが杞憂でないことは、改憲草案前文第3段落「日本国民は、国と郷土を誇りと気概を持って自ら守り、……(略)家族や社会全体が互いに助け合って国家を形成する」をみてもわかります。国民の憲法尊重義務(改憲草案第102条)とあいまって、個人が家族を尊重することによって国家へ貢献する責務を負えということではないでしょうか。

前述した、改憲草案が13条から「個」という重要なひと文字を抜かしてしまったことの意味もいよいよはっきりします。個人として尊重さ

れるはずだった私たち1人ひとりが、国家が決めたあるべき「単位」の家族を尊重せよ、奉仕せよと抑圧されかねません。

　来年度の中学の道徳教科書などを閲覧してみたところ、そこに描かれるのは、祖父母・父母・子の「3世代」家族です。憲法24条が、両性の合意のみという横のパートナーシップから始まる家族を想定していたのに、右派がたたえる「血族」、縦の血の流れを意識した家族の形態がスタンダード。その中で子どもが祖母を介護したり、母が祖母の病院付添のため管理職試験を諦めるといった、「我が儘を言わずに家族のために耐えろ」がいいこととして描かれていることからしても、何が望ましいとされているかがわかります。そして、決して、ひとり親家庭や事実婚カップル、ゲイ、レズビアンカップルは登場しません。多様な家族の多くを「あるべき家族」ではないと切り捨てられそうです。

　すでに政策として「あるべき家族」の推奨が始まっています。「3世代同居」（従前の「二世帯住宅」という言葉から、縦の流れを強調するこの用語が使用されるようになっています）を優遇するべく、そのためのリフォームを減税の対象とする税法改正が2016年になされました。これは、中立的で公平たるべき税制の原則を歪め、政権が推奨する家族形態を優遇したということです[2]。

　Q&Aは、24条の改正趣旨を、「家族は、社会の極めて重要な存在ですが、昨今、家族の絆が薄くなってきていると言われています。こうしたことに鑑みて……規定しました」（Q19）としています。しかし、「家族の絆が薄くなったと言われています」というのは印象論でしかありま

---

[2] 堀内京子「税制で優遇される「家族の絆」」塚田穂高編著『徹底検証　日本の右傾化』筑摩書房、2017年、同「税制と教育をつなぐもの」早川タダノリ編著『まぼろしの「日本的家族」』青弓社、2018年、参照。

せん。「家族の絆」については、選択的夫婦別姓に反対する意見の中で、夫婦別姓を認めると「家族の絆」が弱まるという印象論が持ち出されたりすることからしても（40ページ参照）、個人の尊厳や両性の本質的平等の理念を封じるマジックワードではないでしょうか。

なお、DVや虐待、貧困など様々な問題を抱えた家族は確かにあります。しかし、その家庭に「責任」を押し付けることはますます孤立させ問題を悪化させかねません。「家族の絆」を強調することで、かえって家族の中の暴力の被害者に更に酷い被害を耐えろということになりかねません。そんなことより福祉の充実や被害者の救済が必要です。家族の中で何とかやれというのは、逆に、25条に基づく社会福祉等の国の責務が二次的なものとされそうです。特に、未だ性別役割分業が根強い日本では、育児や介護の責任が一層女性に負わされることでしょう。

そもそも、「家族は、互いに助け合わなければならない。」のような、人々を縛る規定を憲法に置くことは、基本的人権保障のために権力を制限するとの立憲主義、憲法の基本的役割を逆転させるものです。DV被害者や虐待の被害者にも、我慢して助けあえというのでしょうか。

合意だけでは結婚できない時代に後退？…2項

改憲草案は、婚姻の成立要件を「両性の合意のみ」に基づくとする24条の文言から、「のみ」を削除しています。たった二文字の削除でも

こわい。たとえ両当事者が婚姻に合意していても、明治民法の戸主のような第三者の同意を要することになるのでしょうか。

　改憲草案24条3項で、「配偶者の選択」（24条2項）をあえて削除していることからしても、不安が募ります。

社会福祉の後退？…３項

　改憲草案は、24条2項の「配偶者の選択」「住居の選定」の用語を削除し、文頭に「家族、扶養、後見」を新たに置き、末尾の、包括的な文言が「家族」に関するその他の事項から「親族」に関するその他の事項へと拡大しています。

　これにより、配偶者の選択と住居の選定についての個人の自由な意思が制限される余地が生じます。そして、あえて「親族」の文言を明記しつつ、「扶養」や「後見」を冒頭に位置づけたことと、1項の家族尊重規定・相互扶助義務規定を設けたことを併せ考えれば、「最小単位」の家族の中での夫婦間、親子間における権利・義務を超えて、親族という大きな「家族」のメンバー間で扶養や後見などを果たすことが憲法上の義務とされるおそれがあります。民法上、個人と個人の権利義務関係として扶養や後見が規定されているにもかかわらず、憲法で「家族」の後にこれを列挙するということは、家族を扶養・後見を規定する「単位」とみなした上で、社会福祉の後退を正当化する根拠とされるのではと心配です。

　また、家族が「単位」、と強調されることにも、警戒します。憲法は、個人は個人として尊重されるものとしています。まず「家族」という単位ありきとなると、私たちは、個人ではなく、単位である家族の中での「父」「母」「夫」「妻」「長男」「長女」……と位置づけられ、それぞれの分をわきまえろ、個性を発揮するよりまずその役割を果たせと迫られそうです。

平等で対等な個人ではなく、序列化されてしまい、決められた役割を果たさなければならなくなったら……。想像するだけで、息が詰まりそうです。

24条改憲先取り？　家庭教育支援法案

16年、自民党内で家庭教育支援法案[3]がまとめられていると報じられました。国家が家庭を「支援」するという語感からすると、なんとなくいい法案なんじゃないかという印象もあります。しかし、この法案を読み込むと、以下に見るとおり、24条改憲の先取りではないかと心配になります。

個人より公共・「改正」教育基本法の問題点

家庭教育支援法案は、目的（1条）で、「教育基本法（平成18法律120号）の精神にのっとり」家庭教育支援を実施するものとしています。あるべき「家庭教育」を強調する流れは、06年の教育基本法「改正」から加速しています[4]。そこで、家庭教育支援法案の問題点を考えるために、教育基本法「改正」に遡ってみましょう。

「改正」教育基本法には重大な問題点があり、反対も多いなかで成立しました。06年改正前の教育基本法（以下、「旧教育基本法」といいます）は、戦前国家が過度に教育に介入し、お国のために自己を犠牲にすることが尊いと子どもたちに刷り込み、破滅的な戦争に至った、という反省に立っていました。旧教育基本法の教育の目的（1条）は、「教育は、人格の完成をめざし、平和的な国家及び社会の形成者として、真理と正義を愛し、

---

[3] 16年10月に明らかになった同法案の素案は、それ以後細部に修正が加えられて準備されているといわれる。しかし、自民党は、現段階の法案を公表していない。そこで、以下では、特に断りがなければ、同日段階の法案を前提にする。

[4] 奥村典子「第5章　家庭教育への国家介入の近代史をたどる」早川タダノリ編著『まぼろしの「日本的家族」』（青弓社、2018年、160頁）もその旨指摘する。

個人の価値をたつとび、勤労と責任を重んじ、自主的精神に充ちた精神とともに健康な国民の育成を期して行われなければならない」とし、教育の方針（2条）は、「学問の自由を尊重し、実際生活に即し、自発的精神を養い、自他の敬愛と協力によって、文化の創造と発展に貢献するよう努められなければならない」として、「自主性」「自由」「自発的」という言葉を用い、教育が国の押しつけにならないよう強調していました[5]。

ところが、「改正」教育基本法は、前文の目指すべき人間像の説明に、「公共の精神を尊び」を追加しました。また、旧教育基本法の「普遍的にしてしかも個性ゆたかな文化の創造をめざす教育」を「伝統を承継し、新しい文化の創造を目指す教育」に変更しました。個別の条文の中でも、「公共」「伝統」という文言を繰り返しています。個人の尊厳より公共、普遍性より日本の固有性を重視する。あまりに大きな転換です[6]。

さらに、「改正」教育基本法は、国家権力が教育内容に介入する道筋をつけました。すなわち、2条「教育の目標」に「道徳心を培う」、「公共の精神に基づき」、「伝統と文化を尊重し」、「我が国の郷土を愛する」等、本来個人の内心にかかわることがらのあり方を規定してしまったのです。その上で、10条は、子どもの教育の「第一義的責任」を保護者に課し、「生活のために必要な習慣」「自立心」「心身の調和のとれた発達」に責任を負うものとしました。保護者が「第一義的責任」を負うとされた家庭教育にも、2条の「教育の目標」の達成が課され、その「第一義的責任」を保護者が負う……。多様であるべき家庭のあり方に国家が介入することに道を開いてしまったのです。

法案は、「家庭をめぐる環境の変化に伴い、家庭教育を支援すること

---

[5] 前掲、二宮「家庭教育支援法について」40頁。（5）同前、42頁。
[6] 同前、42頁。

が緊要な課題となっている」としたうえで、「教育基本法の精神にのっとり、家庭教育支援に関する施策を総合的に推進すること」を目的とします（1条）。そして、基本理念（2条）において、家庭教育を「父母その他の保護者（以下「保護者」——引用者）の第一義的責任」と位置づけ、家庭教育支援について、「保護者が子に生活のために必要な習慣を身に付けさせるとともに、自立心を育成し、心身の調和のとれた発達を図るよう努めることにより行われるものであるとの認識の下に行わなければならない」（2条1項）、「家庭教育を通じて、父母その他の保護者において、子育ての意義についての理解が深められ、かつ、子育てに伴う喜びが実感されるように配慮して行わなければならない」（2項）、「国、地方公共団体、学校、保育所等、地域住民、事業者その他の関係者の連携の下に、社会全体における取組として行われなければならない」（3項）としています。

法律をつくる必要性がない

　新たに法律をつくるとき、つくらなければいけない根拠（立法事実）が必要です。しかし、法案が掲げる以下の立法事実には首を傾げます。すなわち、①同一世帯に属する家族の構成員の数の減少、②家族と共に過ごす時間の短縮、③家庭と地域社会との関係の希薄化など、家庭をめぐる環境の変化により家庭教育の支援が緊要な課題なのだというのですが、いずれもツッコミどころもりだくさん。

　たとえば、①のような、核家族化が「家庭の教育力の低下」を招いたといったことは、何十年も前から繰り返されていますが、90年代以降は、核家族世帯の数も割合も低下しています。広井多鶴子実践女子大学教授によれば、70年代から、裏付けがないまま、子どもの問題は核家族化が要因であると捉えられるようになったそうです[7]。その上、家庭の

教育機能が低下しているのが事実ならば、その家庭に責任を課すという方向性は無謀でしょうに……。

上記②の「家族と共に過ごす時間の短縮」も正しくありません。広井教授によれば、『厚生白書』では70年代から親子の会話不足や親子関係の希薄化が指摘されるようになりました。しかし、むしろ70年代以降、親子の会話はほぼ一貫して増加しており、90年代以降は特にそれが顕著なのです[8]。ただし、父親と15～24歳の子の会話は増加傾向にあるとはいえ少なめで、男性が子育てや家事に費やす時間は先進国中最低の基準にとどまっています[9]。それは、男性の長時間労働[10]や、いまだ根強い性別役割分担意識[11]によるものでしょう。長時間労働は、労働の規制緩和によるもので[12]、働き方の見直しを図るべきです。

③の「地域社会との関係の希薄化」も、あまりに大雑把。確かに戦後日本は、村落共同体的な関係は変化してはいるでしょう。しかし、それ

7　広井多鶴子・小玉亮子『現代の親子問題―なぜ親と子が「問題」なのか』日本図書センター、2010年、第1章（7）前掲、広井・小玉『現代の親子問題』第2章参照。

8　前掲、広井・小玉『現代の親子問題』第2章参照。

9　6歳未満の子どもをもつ夫の家事・育児時間は1日あたり67分（内育児時間39分）であり、「先進国中最低の水準」です（平成29年版少子化社会対策白書　http://www8.cao.go.jp/shoushi/shoushika/whitepaper/measures/w-2017/29webhonpen/html/b1_s1-1-4.html）。

10　30代、40代の男性については、2016年でそれぞれ15.1%、15.7%が週60時間以上の就業時間となっており、ほかの年齢層に比べ高い水準となっています（平成29年版少子化社会対策白書　http://www8.cao.go.jp/shoushi/shoushika/whitepaper/measures/w-2017/29webhonpen/html/b1_s1-1-4.html）。

11　「夫は外で働き、妻は家庭を守るべきである」との考え方に反対する割合は男女とも長期的に増加傾向であり、2016年調査では男女とも反対が賛成を上回りました。しかしなお、「賛成」「どちらかといえば賛成」は女性で合計37.0%、男性で合計44.7%もいます（男女共同参画白書平成29年版　1-3-5図　http://www.gender.go.jp/about_danjo/whitepaper/h29/zentai/html/zuhyo/zuhyo01-03-05.html）。7%が週60時間以上の就業時間となっており、ほかの年齢層に比べ高い水準となっています（平成29年版少子化社会対策白書　http://www8.cao.go.jp/shoushi/shoushika/whitepaper/measures/w-2017/29webhonpen/html/b1_s1-1-4.html）。

12　木村涼子『家庭教育は誰のもの？―家庭教育支援法はなぜ問題か』岩波ブックレット、2017年、9頁。

は産業構造の変化に伴うものです。

　家庭が大変ならその家庭を支えるには、働く父母を苦しめる労働環境の是正や、ワンオペ育児で子育てを重たいものにしている性別役割分担意識の解消、教育費無償化などの社会保障の充実に取り組むべきです。保護者に第一義的責任を負わせることが「喫緊の課題」なわけはありません。

国家が子育て像を示し家庭に義務を課す？

　法案2条1項は、家庭教育の第一義的責任は保護者にあるとしたうえで、家庭教育支援について、「保護者が、子に生活のために必要な習慣を身につけさせるとともに、自立心を育成し、心身の調和のとれた発達をはかるよう努めることにより行われるものであるとの認識の下で行われなければならない」とします。保護者の努力義務の内容は、「改正」教育基本法10条第1項と同じ内容。国家が「生活のために必要な習慣」や「心身の調和のとれた発達」を一律に決め、そのように子どもを育てよと各家庭に法律で義務を課すことは、問題です。

　1条は「改正」教育基本法の精神にのっとり、と打ち出しています。そうである以上、家庭において、「公共の精神」を尊ぶことや、普遍性よりも「伝統」といった「日本の固有性」を押しつける教育を課される懸念があります。

　法案2条2項は、家庭教育においては、「父母その他の保護者が子に社会との関わりを自覚させ、子の人格形成の基礎を培う」、「子に国家及び社会の形成者として必要な資質が備わる」ようにすべきだとしていました。その後批判を浴びて、「国家及び社会の形成者として」という部分は削除されたようです。しかし、「必要な資質」という部分が残されており、依然として国家が「必要な資質」なるものを決めるという方向

性は変わりません[13]。

家族を基礎単位ととらえることの危うさ

　法案2条2項は、家族を「社会の基礎的な集団である」と規定していました。改憲草案の24条1項案と同じフレーズであるなどとして批判を浴びたためか、その後この文言は削除されたそうです。ただし、文言が削除されたとしても、そもそもこの法案が、家族という単位を強調し、個人をそのなかに埋没させようとする懸念を拭い去ることはできません。

　法案2条2項にあった「家庭教育の自主性を尊重しつつ」という文言がその後削除されているそうです。「改正」教育基本法（10条2項）にもあるこの文言すら削除されたことにより、もはや国家による家庭への介入を抑制するものはありません。

　しかも2条3項において、「子育てに伴う喜びの実感」という個人の内心に及ぶ事項を家庭教育支援で配慮すべきと法律で掲げるのは、内心の自由の保障という近代法の基本原理にすら反します[14]。

　各地で法案に類似した家庭教育支援条例が制定されています。「新しい歴史教科書をつくる会」の副会長も務めたことがある高橋史朗明星大学教授が提唱してきた親学の影響が垣間見られます。この親学は、「伝統的な子育て」で発達障がいが予防できるなどと唱える点で非科学的だと批判されているのですが、法案も、そして、各地で制定されている条例も、非科学的な「伝統的な子育て」なるもので、私たちの多様性を縛り付けようとしているのです。それは私たちを支援することとはほど遠

---

[13] 『朝日新聞』2017年2月14日（夕刊）。以下、文言の修正については、同記事による。
[14] 二宮周平「家庭教育支援法について」本田由紀・伊藤公雄編著『国家がなぜ家族に干渉するのか　法案・政策の背後にあるもの』青弓社、2017年、30頁、参照。

い。高橋史朗教授は、児童手当等の拡充等にはふれず、「三つ子の魂百まで」という言い伝えを大切にすべきとし、母子の愛着の形成の重要性を強調します[15]。家庭の自助努力、それも性別役割分業を強調するもので、両性の本質的平等とは大きくかけ離れています。

あの時代に戻らないために

　家族を権力機構の末端に位置づけ、序列をつくり、個人として尊重されない次世代を育成する……。そんな明治民法と戦前の家庭教育振興政策は、人々を「総力戦」のさなか、殺されても殺しても構わない人間にしてしまいました。そんな時代に戻らないように、注意深くありたい。切実に思います[16]。

---

[15] 高橋史朗『家庭教育の再生―今なぜ「親学」「親守詩」か』明成社、2012年、70頁等。
[16] 家庭教育支援法案、各地の条例の問題点のほか、文科省の家庭教育振興策、子どもを権利主体とみる子どもの権利条約と家庭教育支援法案とは全く異なることなどについては、拙稿「第2章　家庭教育支援法案の何が問題か？」中里見博等著『右派はなぜ家族に介入したがるのか　憲法24条と9条』(大月書店、2018年)に詳述した。

『戦争できる国』づくりと24条改憲

水谷　陽子 Mizutani Yoko
明日の自由を守る若手弁護士の会（あすわか）

今ヤバい、『戦争できる国』づくり

　憲法9条は、戦争の反省の下に、「戦力」は持たない、「交戦」(戦争)や「武

力の行使」はできない、と決めています。このおかげで、日本に自衛隊があっても、さすがに政府は「9条なんて知りませーん」と堂々と言うことはできず、自衛隊の活動に制限がありました。

　その「制限」とは、「必要最小限の自衛権しか認められないから、集団的自衛権は認めない（他の国同士の戦争に加勢しない）」とか、「海外に行っても武力行使はしない」などです。市民も、自衛隊の存在やその活動が憲法9条やこの制限に違反しないかチェックし、おかしな活動には反対の声を上げてきました。

　でも政府は、安保関連法（戦争法）で、この制限を覆しました。「集団的自衛権も『必要最小限』だから使える」、「海外の戦闘地域で弾薬を渡すのも武力行使じゃなくて後方支援だから問題ない」などなど、すっごく苦しい言い訳をしながら、いつでもどこでも武力行使ができるよう自衛隊の性質を大きく変えてしまいました。なぜ苦しい言い訳をしなければいけないのかというと、憲法9条と「9条守れ」という市民の声が引き続き歯止めになっているからです。この歯止めが怖いから、政府は戦争法の全面実施をできない状況に追い込まれたり、海外派遣された自衛隊の日報を隠したりと戦争法の実態を国民に知られないように必死になっています。

　この最後の歯止めを突破しようというのが、憲法9条に自衛隊を明記しようとする9条「加憲」の狙いです。自衛隊に「戦力」「交戦」「武力の行使」という実態があっても、これまでの9条よりも後からできた「自衛隊をもっていい、自衛権を使える」という条文が優先されることで、自衛隊の活動に歯止めがかけられないようにしようと企んでいます。こうして『戦争する国』づくりが進められています。

『戦争する国』に利用するために、憲法24条改憲の動き

そして同時並行で、憲法24条も変えられようとしているのは、「ねらわれる24条～自民党改憲草案と家庭教育支援法」（51ページ）で述べたとおりです。

『戦争する国』のためには、戦争のために身を投じる国民を再びつくる必要があります。そのために、個人を家族という「単位」に押し込め、さらには子育ての仕方に介入しようとしているのです。また、戦争する軍事力をつけることも必要です。戦争の準備のために国家予算を割かなければいけません。実際に、既に安倍政権下で年々軍事費は激増しています。その分のしわ寄せが社会保障の削減です。24条改憲により家族という「単位」に社会福祉の役割を押し付けることで、国家による社会保障の後退を正当化しようとしているのではないでしょうか。

水谷陽子（みずたに・ようこ）
代々木総合法律事務所。LGBT支援法律家ネットワーク、福島原発被害弁護団等で活動。LGBTや女性の人権の学習会講師も。将来の夢はうさぎを飼うこと。憲法カフェの資料には必ずうさぎのイラストを載せます。

コラム

注目！"改憲派"議員を支える『日本会議』
～その家族観と改憲キャンペーン

モンタナ州立大学准教授
山口　智美
Yamaguchi Tomomi

　改憲をめざす勢力は、9条、緊急事態条項とともに、24条の「改正」、特に「家族保護条項」の追加を強く主張してきました。いったい誰が、なぜ「家族」にこだわるのでしょうか？　そこで保護される「家族」とは何なのでしょうか？

　改憲運動の中心は、日本最大の保守団体「日本会議」です。会員数は4万人ほどですが、安倍政権下では、首相をはじめ、自民党の国会議員の6割以上が「日本会議国会議員懇談会」に所属し、閣僚の6割～8割も占めています。日本会議は選択的夫婦別姓や男女共同参画、性教育への反対運動の中心的役割を果たしてきた団体でもあります。

　第二次安倍政権が始まると、右派は改憲の動きを本格化し始めます。特に2014年、憲法改正に特化した日本会議系の団体「美しい日本の憲法をつくる国民の会」が結成されました。それ以降、同会を中心に、改憲運動は、憲法改正DVDや動画、パンフレットなどを通じて改憲に向けて啓発し、地方議会での決議、国会議員の署名を推進。憲法改正国民投票に向けて、3年余で憲法改正1000万人署名を達成し、1万人規模の集会を開催するなど、積極的に動いてきました。特に女性を重要な運動のターゲットとして、『女子の集まる憲法おしゃべりカフェ』と題した冊子やマンガ、動画の作成、エコバッグなどの女性向けグッズ販売など多彩な活動を展開。日本会議の女性部「日本女性の会」は各地で女性向けの憲法勉強会を、すでに1000回以上開催しています。

　改憲派は、特に「個人の尊厳」を狙い、現行の24条は「行きすぎた個人

主義」の元凶であり、それにより家族崩壊や少子化が起きているなどと批判しています。だから24条を変え、社会の基礎単位を個人ではなく家族にして、家族を保護しなくてはならないというのです。

しかし、その「家族」像は、「縦の系譜を意識する共同体」が主体で、頻繁にモデルとして言及されるのが、3世代同居の「サザエさん一家」です。事実婚家庭、ひとり親家庭、同性カップルの家族など、多様な家族のあり方が存在する現状とは逆の方向性と言えます。さらに、育児・介護などの役割を社会ではなく「家族」に押し付けています。現在の日本社会において、特に女性の負担が増えることは確実です。

すなわち、改憲派にとっての「家族」とは、「縦のつながり」重視の戦前の家制度に極めて近く、さらに自助の論理でケアワークを家族、特に女性に押し付けるものと言えるでしょう。

2017年5月、改憲派の集会で安倍首相は、9条に自衛隊を明文で書き込むという考え方は議論に価すると発言しました。これ以降、改憲団体は9条、緊急事態条項を重点項目として掲げ、特に9条への自衛隊明記に力を入れ、現在、運動を展開しています。

一見、関心を失われたかのように見える24条改憲の動き。でもまだ生きています。例えば改憲派のシンクタンク「日本政策研究センター」が発行した『これがわれらの憲法改正提案だ』（伊藤哲夫、岡田邦宏、小坂実著 2017）では、9条、緊急事態条項と24条を改憲の重要項目と位置づけています。そして、現行24条に家族保護条項を追加するだけの「加憲」を主張しはじめています。ですが、社会の基礎単位を個人ではなく家族にするという「加憲」こそ、24条の原則を根本的に変えてしまいます。このままでは、人々は家族のため、国家のために存在するものだとされてしまいかねません。

山口智美（やまぐち・ともみ）
モンタナ州立大学准教授。文化人類学・フェミニズム・日本研究。共著に『海を渡る「慰安婦」問題 右派の「歴史戦」を問う』（岩波書店）、『私にとっての憲法』（岩波書店）ほか。「24条変えさせないキャンペーン」呼びかけ人。

特別寄稿

学校が描く「家族」

前川喜平 Maekawa Kihei
元文部科学事務次官

改正教育基本法

　2006年第1次安倍政権下において、教育基本法が改正された。憲法改正の前段階と位置付けられたこの改正は、「個人の尊厳を重んじ」「日本国憲法の精神にのっとり」「学問の自由を尊重しつつ」「個人の価値を尊重して」「不当な支配に服することなく」などの文言は辛うじて残ったものの、個人の尊厳・生命・自由・幸福追求よりも、全体の利益に奉仕・貢献する人づくりへの指向を色濃く有するものだった。新たに加えられた第2条は学校教育、社会教育さらには家庭教育を通じた「教育の目標」として「豊かな情操と道徳心を培う」こと、「公共の精神に基づき……社会の発展に寄与する態度を養う」こと、「伝統と文化を尊重し、それらをはぐくんできた我が国と郷土を愛する態度を養うこと」などを掲げた。また、家庭教育について独立の条文（第10条）を設け、「父母その他の保護者」に対し「生活のために必要な習慣を身に付けさせ」、「自立心を育成し」、「心身の調和のとれた発達を図る」よう努めることを、法

律上の義務として課した。

こうした規定が何を意味するのかは、有権解釈権を持つ文部科学省が決められることになる。そして第16条では「教育は、……この法律及び他の法律の定めるところにより行われるべきもの」と規定された。かくして、文科省が決めた「道徳心」、「公共の精神」、「国と郷土を愛する態度」、「生活のために必要な習慣」、「心身の調和のとれた発達」などが、法律の根拠を持って家庭教育にまで要求されうることになったのである。

道徳科の学習指導要領

学校教育においてはすでに、法的拘束力を持つ学習指導要領の制定・改訂により、国が教育内容を統制できることになっているが、なかでも2018年度から小学校で始まり、2019年度から中学校で始まる「特別の教科　道徳」（道徳科）においては、国が「かくあるべし」と考える家族のあり方を、子どもたちが刷り込まれる危険性が高まっている。

2015年に改訂された小学校学習指導要領「特別の教科　道徳」編では、家族について「父母、祖父母を敬愛し、家族の幸せを求めて、進んで役に立つことをすること」という内容項目（すなわち徳目）が示されている。1977年改訂の学習指導要領までは「家族の人々を敬愛し」とされていたが、1989年改訂から「父母、祖父母を敬愛し」と書き換えられた。「敬愛」の対象が「家族」一般から「父母、祖父母」に絞られ、直系尊属という縦の血統を重視する姿勢が強められたのだ。縦の血統を重んじる思想は、「生命の尊さ」という内容項目に関しても現れている。指導要領に付属する文書として文科省が作成した「解説」においては「今ある自分の生命は、遠い先代から受け継がれてきたものであるという不思議さや

雄大さ」に気付かせたり（第3～4学年）、「祖先から祖父母、父母、そして自分、さらに、自分から子供、孫へと受け継がれていく生命のつながり」を理解させたり（第5～6学年）するよう指導することが求められている。

現在、子どもたちの約8パーセントは母子家庭又は父子家庭で育っている。実の親から虐待を受け、児童養護施設で育つ子どももいる。血のつながらないさまざまな形の家族がある。敬愛の対象を「父母、祖父母」に限定するのは、現代の家族の多様なあり方に対応したものとは到底言えない。そもそも、父母や祖父母だから当然に敬愛の対象にすべきだとは限らない。養育を放棄したり、虐待を繰り返したりする親もいるのだから。

また、「家族の幸せを求めて、進んで役に立つことをする」という徳目には、自己実現よりも自己犠牲を美徳とする思想が宿っている。家族という「全体」の一員として、全体に奉仕することを求める思想である。この思想は、さらに家族を国家の単位とする観念を媒介して、国家という「全体」への奉仕（滅私奉公）を求める思想へと発展する。

國體思想の復権

学習指導要領に現れた、家族における縦の血統を重視する思想は、愛国心を美徳とする思想と相まって、道徳教育における戦前回帰の指向を色濃く示している。そこには、教育勅語とそこに示された國體（現代では通用しない思想なのであえて現代では通用しない文字で表記する）思想の復権への企図が潜んでいる。

教育勅語は、明治天皇が臣民に与えた言葉という形を取って、国民全体を天皇制国家に一体化させようとした一種の「教義」だと言ってよい。そこでは、日本人の道徳は天皇の祖先（皇祖皇宗）は建国と同時に打ち

立てたものだとされる。その神髄は忠と孝である。天皇制国家における天皇への「忠」と家制度における家長への「孝」とは一体のものであり、忠孝の道徳は祖先から子孫へと代々受け継がれるべきものだとされる。

　1937年に文部省が作成した「國體の本義」という文書においては、次のように記述されている。

　「我が國に於ては、孝は極めて大切な道である。孝は家を地盤として発生するが、これを大にしては國を以てその根柢とする。孝は、直接には親に対するものであるが、更に天皇に対し奉る関係に於て、忠のなかに成り立つ。

　我が國民の生活の基本は、西洋の如く個人でもなければ夫婦でもない。それは家である。家の生活は、夫婦兄弟の如き平面的関係だけではなく、その根幹となるものは、親子の立體的関係である。この親子の関係を本として近親相倚り相扶けて一団となり、我が國體に則つて家長の下に渾然融合したものが、即ち我が國の家である。從つて家は……すべての人が、先づその生まれ落ちると共に一切の運命を託するところである。

　我が國の家の生活は、現在の親子一家の生活に尽きるのではなく、遠き祖先に始り、永遠に子孫によって継続せられる。現在の家の生活は、過去と未来とをつなぐものであつて、祖先の志を継承発展させると同時に、これを子孫に伝へる。古来我が国に於て、家名が尊重せられた理由もこゝにある。」

　「我が國の孝は、人倫自然の関係を更に高めて、よく國體に合致するところに眞の特色が存する。我が國は一大家族國家であって、皇室は臣民の宗家にましまし、國家生活の中心であらせられる。臣民は祖先に対する敬慕の情を以て、宗家たる皇室を崇敬し奉り、天皇は臣民を赤子として愛しみ給ふのである。……「わたくし」に対する「おほやけ」は大

家を意味するのであつて、國即ち家の意味を現してゐる。」

「我が國に於ては忠を離れて孝は存せず、孝は忠をその根本としてゐる。國體に基づく忠孝一本の道理がこゝに美しく輝いてゐる。……まことに忠孝一本は、我が國體の精華であつて、國民道徳の要諦である。……我等國民はこの宏大にして無窮なる國體の体現のために、弥〻(いよいよ)忠に弥〻孝に努め励まねばならぬ。」

国民の生活の基本は、個人ではなく夫婦でもない。それは「家」であり、その根幹は親子関係だという。そして「家」は祖先から子孫へと継続するものだという。さらに我が国は「一大家族国家」であり天皇と臣民は親子のような関係であって、国は大きな家(おほやけ)なのだという。大きな家である国の単位として一つ一つの家がある。親を敬う「孝」と天皇を敬う「忠」とは一本につながっている。そのようなこの国のあり方（國體）は、万世一系の天皇の下で永遠（無窮）に続くのだとされる。自民党の改憲草案では、第24条に「家族は、社会の自然かつ基礎的な単位として、尊重される。」という規定を盛り込むことになっている。個人ではなく家族を社会の単位とする思想は、まさに國體思想の家族国家観を継承するものだと言えよう。

個人主義の排除

「國體の本義」は西欧に起源を持つ思想をことごとく排斥したが、なかでも徹底的に排除したのは個人主義である。

「個人主義的な人間解釈は、個人たる一面のみを抽象して、その國民性と歴史性とを無視する。従つて全體性・具體性を失ひ、人間存立の眞實を逸脱し、その理論は現實より遊離して、種々の誤つた傾向に趣(はし)る。こゝに個

人主義・自由主義乃至その發展たる種々の思想の根本的なる過誤がある。」

「西洋の國家學說・政治思想は、多くは、國家を以て、個人を生み、個人を超えた主體的な存在とせず、個人の利益保護、幸福増進の手段と考へ、自由・平等・獨立の個人を中心とする生活原理の表現となつた。從つて、恣な自由解放のみを求め、奉仕といふ道德的自由を忘れた謬れる自由主義や民主主義が發生した。」

「國體の本義」がこれほどまでに攻撃した個人主義（個人の尊厳を最も重要な価値とする考え方）に立脚しているのが日本国憲法である。憲法24条が前提とする家族の基本は、親子ではなく夫婦（婚姻）であり、それは当事者（両性）の合意のみに基づくものとされる。また、家族に関する立法は「個人の尊厳と両性の本質的平等」に立脚しなければならないとされる。しかし、道徳科学習指導要領及びその解説に示された家族の姿は、親子関係を基本とし、先祖から子孫への縦の血統を重視する家族観に立っている。この家族観は、憲法24条とは相容れないものであり、むしろ「國體の本義」に示された家族観に近似しているのである。

親への感謝

では、この学習指導要領を具体化した教科書の内容はどうなっているだろう。

2018年度から使用されている小学校の道徳の教科書のなかに「お母さんのせいきゅう書」という物語教材がある。

ある日、たかしが母親に請求書を渡した。「お使い代」「お掃除代」「お留守番代」として、500円を請求したのだ。後刻、今度は母親がたかしに500円と一緒に母親からの請求書を渡した。「病気をしたときの看病

代」「洋服や靴」「おもちゃ代」など、いずれも０円。それを見たたかしの目から涙があふれた。……という話。

　母親の無償の愛に気付き感謝の念を湧き上がらせたたかし君。たかし君を見習って、皆さんもお母さんに感謝しましょう、という結論に持っていこうとする教材だ。しかし、この筋書きにはかなり無理がある。親子の間で請求書のやり取りをするという状況設定が、まず不自然だ。「０円の請求書」に「無償の愛」を感じ取る児童がどれほどいるだろう。むしろ上から目線の恩着せがましい（あるいは皮肉っぽい）行為として受けとめるのではないだろうか。親の恩に感謝するという「正解」を述べる児童はいるだろう。しかし、それは本当に無償の愛を感じ取ったからではなく、それが教師の求める「正解」だと見抜いたからである可能性が高い。

　そもそも、親と子の関係は「恩恵」と「感謝」の関係ではない。親には、当然に子どもを養育し、保護する責任がある。洋服や靴を与えられ、病気になれば看病してもらうことは、子どもの当然の権利である。子どもに親への感謝を求めるのは、子どもが無権利者だという前提に立った考え方である。

　そして母親のいない児童に対しては、この教材は明らかに不適切だ。物語の中のたかしと母親との関係を自分に引き写して考えることが困難だからだ。いたずらな疎外感を持たせることになるだろう。

　親への感謝という文脈では、多くの小学校で第４学年で行われている「２分の１成人式」という行事がある。保護者が参観する中で、児童が保護者への感謝を綴った作文を読むというのが、この行事の眼目だと言われる。１０年の人生を振り返り、その後の人生を考えるための一つの通過儀礼として、意味がないわけではないと思う。しかし、どうやらこの行事は少なからぬ子どもたちに苦痛をもたらすだけのものになってい

るらしい。児童養護施設で育っている子ども、親から虐待を受けている子ども、実父母ではない保護者に育てられている子どもなどにとって、親への感謝を作文しろと言われても、書きようがないだろう。家族のあり方や子どもの育つ環境が多様化している中で、固定的な「あるべき家族の姿」を前提に「親への感謝」の表明を強いるのは、子どもの人権の侵害になりかねない。他者に明かしたくない家庭の事情を明かすことを強要することになりかねないし、心にもない嘘を書き連ねることを強要することにもなりかねない。「親」という「縦の血統」へのこだわりを捨て、親への感謝ではなく自分を見つめ直すことに焦点を当てるのであれば、一種の通過儀礼として成立しうる行事かも知れない。しかしその場合にも、行事への参加・不参加は子どもの意思に任せるべきだろう。

固定的役割分担と家族の自助

　2019年度から使用される中学校の道徳教科書の中で、偏った家族観として問題視されているのは「ライフ・ロール」（人生の役割）と題された読み物である。祖母の体調が悪いので、誰かが病院へ付き添わなければならない。父親も子どもも仕事や学校があって付き添えない。結局母親が、管理職への昇進ための面談を辞退して祖母の付き添いをする。……という話。

　この教材の最も大きな問題は、結婚した女性は仕事より家庭を優先すべきだという男女間の固定的な役割分担を当然視しているところにある。憲法24条が宣言する「両性の本質的平等」に反しているのである。この教材は、ドナルド・E・スーパーというアメリカの学者が提唱したライフ・ロール論に拠っているように思われるが、スーパーのライフ・

ロール論では、人にはその人生の時々において複数の役割があり、それらの中で自分にとって最適の組み合わせを主体的に選ぶことが重要だとされる。確かに、この物語の中で主人公の女性は自分の昇進について「今はその時期ではない」という台詞を吐き、キャリアアップよりも家族の介護という役割を自発的に選択したように描かれている。しかし実際には、それは女性であるが故に押し付けられた「選択」なのだ。

またこの教材では、家族の外からの支援を求めるという選択肢や社会的な支援の仕組みを作るという解決策が全く度外視されている。家族の中での「自助」が当然視され、外部サービスの利用や「公助」の可能性が排除されているのである。自民党の改憲草案では第24条に「家族は、互いに助け合わなければならない」という「国民の義務」の規定を盛り込むことになっている。「家族は互いに助け合わなければならない」という思想は、「だから、家族の問題は家族だけで解決するべきだ」という思想に帰着する。この「ライフ・ロール」という教材は、自民党改憲案の「家族相互扶助義務規定」を先取りして学校で教えようとするものだと見ることもできるのである。

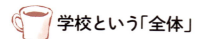
学校という「全体」

國體思想においては、家族が国家という「全体」の一部であるのと同様に、学校も国家の一部であると観念される。実際、戦前の教育法においては、学校教育は国家が独占する事業であると考えられていた。現在においても、国が学習指導要領によって学校での国旗掲揚・国歌斉唱の指導を義務づけているのは、このような思想の表出である。

　国家という全体への奉仕、家族という全体への奉仕を求める学校は、

当然に学校という全体への奉仕も求める。道徳科の学習指導要領では「先生や学校の人々を敬愛し、みんなで協力し合ってよりよい学級や学校をつくるとともに、様々な集団の中での自分の役割を自覚して集団生活の充実に努めること」（小学校第5〜6学年）という徳目が設けられている。集団の中での役割に関する記述は、道徳の教科化にあたって書き加えられたものである。

家族の中で子どもが無権利者であると考えられているように、学校の中で児童・生徒は無権利者として扱われる。学校には支配と被支配の権力関係があり、児童・生徒は「指導」という名の支配の下で、一糸乱れぬ集団行動を強いられたり、合理的理由のない校則に縛られたりするだけでなく、時として体罰や指導死の危険にすらさらされる。そこでは一人一人の「個」が捨象され、学校という「全体」への奉仕が求められる。

学校が個を捨象する全体であり続けるなら、学校が描く「家族」も個を捨象する全体であり続けるだろう。むしろ、國體思想が復権しつつある今日、学校の全体主義はさらに強まる危機にある。

すべて国民は、個人として尊重される（憲法13条）。子どもにも個人の尊厳があり、人権がある。子どもは無権利者ではない。憲法の根本価値である「個人の尊厳」に立ち返り、その意味を再確認することは、教師にも学校管理職にも教育行政担当者にも、今切実に求められることではないだろうか。

前川喜平（まえかわ・きへい）
1955年、奈良県生まれ、東京育ち。小学生のころには不登校も経験した。東京大学法学部に6年間学んだ後、1979年、文部省に入省。2016年6月に文部科学事務次官就任、翌17年1月に退職。「空を飛ぶ鳥のように自由に生きる」とひっそり（？）宣言し、以後、自主夜間中学のボランティアスタッフをしながら、講演活動に東奔西走の日々を送っている。近著に『面従腹背』毎日新聞出版。「組織人」でありながらも「尊厳ある個人」として、「自由な精神」と心の健康を失わずに生きるにはどうしたらいいのか、多くのヒントが詰まっている。

おわりに

明日の自由を守る若手弁護士の会（あすわか） **神保大地**
Jimbo Daichi

「Ａ型がみんなきめ細かいと思うなよ！」 これは私の親しいＵ弁護士のセリフです。みなさんも聞いたことありませんか？ 「血液型がＡ型の人はきめ細かく、Ｂ型の人は大ざっぱ、ＡＢ型の人はマイペースで自己主張が強く、Ｏ型の人は社交的」といった血液型診断。これって科学的な根拠のない決めつけですよね。「Ａ型の人はきめ細かいはずだ！」、「Ａ型の人は大ざっぱであってはならない。だから、Ａ型の君はきめ細かく行動せよ。」という圧力のように感じる方もいるでしょう。Ｕ弁護士も、過去に「Ａ型なのに大ざっぱだ。」などと言われて、嫌な思いをしてきたのかもしれません。

人の性格なんて人によってバラバラですよね。というか、同じ人でも、大ざっぱなときもあればきめ細かいときもある。人に頼ることもあれば人を引っ張るときもある。場面によって様々じゃないですか。そして、血液型って自分で選んだものじゃないですよね。それなのに、「お前はＡ型だからこうしろ、お前はＢ型だからこれをするな」って言われたら、なんか嫌な感じがしませんか？

自分は自分らしくいられる、自分らしさは自分で決められる、人から「こうあるべし」と強要されない、と定めているのが、個人の尊重（憲法13条）です。そして、その「こうあるべし」というのを家族関係においても強要されない、と定めているのが、憲法24条です。政府（権力者）によって「家族とはこうあるべし」というのを強要されない、家族からも「家族の構成員はこうあるべし」というのを強要されない、という二重の意味で個人が尊重されています。

といっても、「憲法なんて難しくてよく分からないよ」とか「日常生活で憲法なんて実感しないでしょ」という方も多くおられると思います。そんな方にこそ、この本を読んでいただきたいと思います。

この本を読まれて、「自分のあの行動はもしかして人権を侵害しちゃってたのか!?」、「自分のあのときの嫌な気持ちは、自分の人権を侵害されてたんだ！」と気付いていただければ幸いです。そして、この憲法24条の理念が実現され、みなさんがもっと自分らしい人生を目指すことができ、みなさんの自分らしさが保障される寛容な社会になることを願っています。

私たち『あすわか』は、個人の尊厳を脅かすような権力者の言動には強く異を唱え続けます。個人の尊厳について知っていただくための憲法カフェを日々開催します。『あすわか』は、個人の尊厳が保障される明日を守るために、不断の努力を続ける決意です！

最後になりましたが、この本の執筆に御協力くださったみなさま、応援・叱咤激励をいただいたみなさま、イラストを描いていただいた大島さま、企画編集にご尽力いただいた出版社のみなさまに、あすわかから心からのお礼を申し上げます。

注：「障害」という用語について、「害」の字への違和感から表記を「障がい」と改める動きがあります。一方で、「言葉を変えても差別はなくならない」という批判の声もあります。双方とも障害（がい）者の孤立や無理解を解消したいという思いは同じですが、本著では、それぞれの思いを尊重し、執筆者ごとに「障害」「障がい」と表記が異なっています。

神保大地（じんぼ・だいち）
怒られたらすぐ言い訳をして自分の非を認めようとしない我が子を見て「人の振り見て我が振り直せ」という言葉の意味を知った、あすわか共同代表。子の通う保育所の父母会会長も務める。さっぽろ法律事務所。1983年生。

あすわか（明日の自由を守る若手弁護士の会）
講演（憲法カフェ、ランチで憲法など）の、お問い合わせは以下までお願いします。

mail：peaceloving.lawyer@gmail.com
http://www.asuno-jiyuu.com/

イラスト／大島史子
装丁／加門啓子

イマドキ家族のリアルと未来 憲法カフェへようこそ3
憲法9条の陰でねらわれる24条

2018年11月3日　第1刷発行

編　著	ⓒあすわか（明日の自由を守る若手弁護士の会） ＋前川喜平
発行者	竹村　正治
発行所	株式会社 かもがわ出版 〒602-8119　京都市上京区堀川通出水西入 TEL 075-432-2868　　FAX 075-432-2869 振替 01010-5-12436 http://www.kamogawa.co.jp
制　作	新日本プロセス株式会社
印刷所	シナノ書籍印刷株式会社

ISBN978-4-7803-0989-8　C0036
Printed in JAPAN